Dirk Bach in

LUKAS

Das offizielle Buch zur Sitcom

Text
Gaby Sommerfeld

LVKAS

Impressum

Die Deutsche Bibliothek – CIP-Einheitsaufnahme
Ein Titeldatensatz für diese Publikation ist bei der deutschen Bibliothek erhältlich.

Dieses Buch wurde auf chlorfreiem, umweltfreundlich hergestelltem Papier gedruckt.
In neuer Rechtschreibung.

© 2000 by Dino entertainment AG
Rotebühlstraße 87, 70178 Stuttgart
Alle Rechte vorbehalten
Lizenz durch: ZDF Enterprises GmbH © ZDFE 2000 und Pro GmbH Köln 2000.
- Alle Rechte vorbehalten -
Mit freundlicher Genehmigung des ZDF.
Das Buch wurde auf Grundlage der ZDF-Sitcom „LUKAS" verfasst.
„LUKAS" ist eine Produktion der Pro GmbH Köln.

Texte:	Gaby Sommerfeld
Redaktion:	Monika Alt, Jürgen Brandt
Fotos:	Christel Becker-Rau und siehe Bildnachweis S. 126
Bilredaktion:	Gaby Sommerfeld
Gestaltung:	Auhage & Schwarz, Enderlein; Köln
Druck:	Silber Druck, Niestetal
ISBN:	3-89748-234-7

Dino entertainment AG im Internet: www.dinoAG.de
Bücher – Magazine – Comics

Coco: „Lukas, sei einfach ganz du selbst, sei einfach ganz cool."
Lukas: „Ja, was denn jetzt?"

Dirk mag's schon früh
bunt und ausgefallen

Love, Peace & Mickey Mouse

Die bunte Vita des Schauspielers Dirk Bach
(ohne jeglichen Anspruch auf Vollständigkeit)

„Das war irgendwie eine nette Kindheit": Klein-Dirk

23. April 1961, Dirk Bach wird in Köln geboren. In Heimersdorf draußen, im Kölner Norden, hat er irgendwie eine nette Kindheit, im Einfamilienhaus, mit Garten drumrum,
so wie man's eben kennt. Dirks Vater ist Inge-
nieur und beim WDR, wie auch Dirks Mutter
bevor sie in einem Museum arbeitet, und zwei
Jahre später gibt's dann noch eine Schwester.
Die Mutter näht Dirk immer schöne Sachen,
aber beim Stoffeinkauf guckt der sich nur fein
all die Leut' an – die faszinieren ihn schon sehr.
Ob diese ersten Charakterstudien ihn gleich
prägen – man weiß es nicht. Das Fernsehen prägt da wohl schon eher: Da laufen Urmeli und der Kater Mikesch und
der Spatz vom Wallraffplatz und der Hase
Cäsar und all die anderen aus der *Augsburger
Puppenkiste*. Und die findet Dirk total gut.

No sports: Schwimmen geht für Dirk gerade noch in Ordnung

Mitte der Sechziger kommt Dirk in die Schule, und gar nicht lange später wird er auch Messdiener in seiner Gemeinde. Das Messgewand ist Dirk viel zu groß oder aber Dirk viel zu klein für das große Ding. Wie auch immer: Er tritt sich unten auf den Saum und schlägt – Zack! – mit der Kerze vor den Altar. Das war sozusagen Dirks erster öffentlicher Auftritt. Aber gelacht haben soll niemand…

In der Grundschule findet Dirk alles noch absolut easy

Dann aber geht's aufs Gymnasium, „und da wird alles plötzlich ganz komisch. Und dann war ich auf einmal noch in der Pubertät und alles war gar nicht schön, und dann bin ich auch noch ganz viel sitzen geblieben und dann irgendwann als allerletztes in der Realschule gelandet." Dort ist Ulrike Bohning für ein Jahr in der 10e seine Klassenlehrerin, und das ist deshalb lustig, weil die die Mutter von Charlotte Bohning ist, die wiederum viele Jahre später einmal die Lisa in LUKAS spielt! Ulrike Bohning mag Dirk sehr, und der mag seine Lehrerin auch, und noch heute fallen sich beide immer herzlichst um den Hals.

Mit Ulrike Bohning hatte Dirk sein einzig wirklich schönes Schuljahr, denn da habe er ja nie mehr hingehen müssen, weil er das alles schon konnte… In Englisch steht Dirk zwei, in Deutsch glatt eins, und der Mathematiklehrer ist ganz reizend, fragt der doch, welche Arbeit Dirk denn mitschreiben wolle! (Zwei würden ja reichen.) Selbst der Sportlehrer kümmert sich nicht mehr viel, Dirk kriegt eine Vier statt

Cool man! Auf Klassenfahrt nach Wien

der Sechs, wie sonst immer. Sport mag er halt gar nicht gerne, Schwimmen geht gerade noch: Den Frei-Fahrten-Jugend-Sticker kann er sich früh an die Badehose pappen.

Dirk steht schon damals auf bunt

Er trägt die Haare rot-grün und auf einer Klassenfahrt nach Wien ebenso wie beim Spagetti-Bolognese-Essen bei Bohnings einen Fix-und-Foxi-Anzug. Während dieses Essens albert Dirk übrigens mit der damals fünfjährigen Charlotte rum – die den Anzug auch lustig findet. „Dirk", sagt seine Lehrerin, „war der Sunnyboy", und zwei, drei Jährchen später bringt er denn auch ein nettes Mädchen mit zum Klassentreffen: „Das ist die Schwester von meinem Mann."

Auf der schulischen Suche nach seiner Mittleren Reife spielt Dirk auch schon Theater

Und das kam so: Als er gerade mal zwölf ist, nehmen seine Eltern ihn zum ersten Mal mit ins Schauspielhaus. Man fährt von Köln nach Bochum, weil da *Hamlet* unter der Regie von Peter Zadek gegeben wird. Dirk sieht mit Ulrich Wildgruber und Eva Mattes tolle Künstler – und geht von da an nur noch ins Theater. Zu dem Zeitpunkt will er jedoch noch Regisseur werden.

Am Kölner Schauspielhaus ist in den Siebzigern Hans-Günther Heyme Intendant, und der leitet dort auch einen Kritischen Jugend-club. Und in dem spielt Dirk Bach 1978, also mit 17 Jahren, seine allererste Rolle: In Heiner Müllers *Prometheus* hockt er, in eine Zwangsjacke gepfercht, mit einem zerstückelten Gummi-Geschlechtsteil, einen Eselskopf übergestülpt, zwei Meter hoch auf einem Stahlstuhl… – das ist „der Urknall" für Dirk Bach: Fortan will er Schauspieler werden.

Mindestens einem fällt er da übrigens nicht nur auf der Bühne auf: Hansjoachim Krietsch, damals schon einer der Großen im Kölner Ensemble, trifft Dirk oft auf Premierenfeiern. Und da ging er ihm „auf den Geist, wie er da stand: mit seiner Baskenmütze schief auf dem Kopf und seinem blauen Lidschatten…" Rund 15 Jahre später stehen die zwei liebend gern gemeinsam vor dem Publikum. Hansjoachim Krietsch ist der Ludwig in LUKAS.

Nach *Prometheus* geht's für Dirk Bach dann auch gleich los. Eine Schauspielschule besucht er aber nicht, weil die Balkonszene aus *Romeo und Julia*, die er mit Hella von Sinnen aufbricht und in fünf verschiedenen Genres an der Hochschule der Künste in Berlin vorspielt, irgendwie nicht so gut ankommt… An dieser Stelle

Der Künstler in jungen Jahren

Dick befreundet: Dirk Bach und Hella von Sinnen, hier in der *Dirk Bach Show*

sagt Dirk Bach in Interviews immer, „dass-Hella-es-dann-ja-noch-sechsmal-versucht-hat" (vergebens), und das darf er auch so sagen: Spätestens seit ihrer Wohngemeinschaft in jenen Tagen, in der sie „gelebt, gelitten, geliebt und gearbeitet" haben, sind beide Kölner bestens befreundet. (Diese WG findet Dirk Bach übrigens nicht besonders oder lustig, weil was soll denn daran so anders gewesen sein: „Übergewichtige Deutsche, die zusammen eine Wohnung haben, gibt's doch viele!")

Nicht auf die Schule, sondern learning by doing

Anfang der Achtziger spielt Dirk Bach im Studententheater und in vielen freien Gruppen, für mickrige 20 Mark am Abend. Er testet sich in Jean Genets *Unter Aufsicht* und hat seine erste große Rolle in Oscar Wildes *Salome*. Singt ein bisschen, tanzt dazu und geht mit dem Theater Passion erstmals auf Tournee. Sie ziehen nach Berlin, München und Wien, aber besonders viel Spaß macht es – zumindest Dirk Bachs Schauspielkollegen – in Amsterdam: Die Holländer verkaufen ihr Marihuana auch im Theater und schneiden es vollkommen entspannt in den Künstlergarderoben zu. Ein paar Bröckchen fallen da immer ab, doch die lassen Dirk Bach kalt – der raucht schon damals nicht.

Sein Herz schlägt dafür in London schneller: Es ist 1982, und Boy George bringt mit seinem Culture Club das erste Album raus. Nach David Bowie (die erste LP) tanzt der „KarmaKarmaKarma-Chameleon"-Mann in Dirk Bachs Leben – und da ist er bis heute geblieben. Dirk Bach ist so ein richtiger Fan: Er geht auf Georges Konzerte, imitiert ihn auch in der RTL-Prominenten-Playback-Show, stöbert in Plattenläden und surft heute regelmäßig im Internet nach Boy. Die Gründe dafür liegen auf der Hand – also so mehr oder weniger..: „Der ist genauso alt wie ich, ich war anfänglich zu der Zeit auch so, ich sah ungefähr auch so aus. Ich war in denselben Lokalen, wenn wir in London spielten – und der kann klasse singen."

Dirk Bach dagegen ist inzwischen in der Szene als Underground-Mime etabliert, kann also klasse schauspielern – und macht darum auch nur acht von 16 Monaten Zivildienst im Archiv der Kölner Uniklinik: Der Mann ist einfach ständig krank…

Das erste Mal krachend
komödiantisch: in
Walter Bockmeyers *Geierwally*

*Im Himmel ist
die Hölle los –*
Willi Wunder
alias Dirk Bach

1984 wird's zum ersten Mal krachend komödiantisch

Zwischen 1984 und 1986 steht Dirk Bach in
Walter Bockmeyers *Geierwally* über 330-mal
auf der Bühne. Vom Kölner Theater in der
Filmdose geht's zum Theatertreffen nach Berlin, weiter zum Theater der Welt nach Frankfurt, und das Fernsehen bringt Dirk Bach in
der drallen Wally dann auch schon. Überhaupt:
Dies ist die Zeit der ersten Filme mit Dirk
Bach, gleich mit so schönen Titeln wie *Ich sage
immer, wann ich meine Haare gemacht habe…*
und so schönen Versprechen wie *Im Himmel ist
die Hölle los.*

Apropos Himmel und Hölle. 1992 ist ein
ebenfalls denkwürdiges Jahr im Leben des
Schauspielers Dirk Bach. Weil da trägt es sich
zu, dass der das zweite Mal über den großen
Teich nach Amerika fährt, in das Mutterland
aller Sitcoms. Er ist mit seiner Schauspieler-

„Ich bin der erste Teddy der Welt, der wirklich sprechen kann!"

Philosophien über Tupper-Partys, Patriotismus und Psychologie: das preisge-krönte Soloprogramm *Edgar*

freundin Isabel Trimborn unterwegs, und eigentlich wollten beide nicht landeinwärts sondern mit dem Schiff auf See weiterfahren. „Aber das Schiff wollte nicht fahren, weil es auf eine Sandbank fuhr – und dann mussten wir da bleiben." Das findet Dirk Bach dann erstmal gar nicht schön, weil er Amerika eigentlich für ein „furchtbares Entwicklungsland" hält. Bald aber landen sie in Las Vegas und gewinnen in einer Spielhölle 400 Dollar. „Da waren wir sehr stolz, und dann bin ich da auch immer wieder gerne hingefahren". Das kann man wohl sagen… Und es wäre ja auch komisch, wenn einer, der von sich selbst schon behauptet, der „erste Teddy der Welt zu sein, der wirklich sprechen kann", wenn es den nicht regelmäßig ins Mickey-Mouse-Land ziehen würde. Denn da ist eben auch Disneyworld, und da glitzert alles und blinkt und ist bunt – „und das ist eine heile Welt, die funktioniert.

Wenn du von dem Anderen nichts wissen willst: Das funktioniert immer!"

Nach der Geierwally, die als sein Durchbruch gilt, übt Dirk Bach sich im schauspielerischen Spagat

Er ist in Peter Radtkes *Nachricht vom Grottenolm* an den Münchner Kammerspielen zu Gast und findet 1988 in Benjamin Brittens Oper *Der Sommernachtstraum* eine „Super-Erfüllung – weil es nichts Schöneres gibt, als Theater mit Musik zu machen". Zur selben Zeit mischt er aber auch in der Bonner Springmaus mit und taucht für dieses Improvisationstheater von der großen Opernbühne in ein kleines Kellerloch ab.

Auch die nächsten Jahre sind Kontrastprogramm

Angelika Bartrams *Rotkäppchen-Report* ist eine märchenhafte Verkleidungsrevue, in der sich

Hands up! In Schillers *Räuber* am Kölner Schauspielhaus

Dirk Bach durch knallbunte Rollen klamauken darf. In Helmut Seligers *Edgar* steht er dagegen in weißem Hemd und schwarzer Hose da, und redet und redet und redet…, philosophiert über Tupper-Partys, Patriotismus und Psychologie, über Dany-plus-Sahne, Apfelkorn und Kreuzworträtsel. Das macht er denn landauf landab so oft und so gut, dass er für dieses Solo 1990 seinen ersten Preis als Schauspieler bekommt: die Barocke Sau vom Bodensee. (Und gestraft sei, wer da nun Böses denkt: Das ist ein ernst zu nehmender Kleinkunstpreis des Schlosstheaters zu Markdorf, und den bitteschön gab's bereits vorher!)

Rotkäppchen und *Edgar* (beide geschrieben von LUKAS-Autoren!) zeigt auch das Fernsehen, für das Dirk Bach nun immer wieder mal was macht: Man sieht ihn in *Kir Royal*, auf dem *Sender Frikadelle* sowie in den *Geschichten aus der Heimat*, und in den *Sylter Geschichten* promeniert er gedankenverloren an der Westerländer Wasserkante entlang.

Mit Riesenschritten geht's für Dirk Bach Anfang der Neunziger karrieremäßig weiter

Sein Weg führt ihn zurück zum Schauspielhaus Köln. Dort lässt er 1991 im *Bauerntheater* von Franz Xaver Kroetz erst einmal als Bettnässer den Dingen freien Lauf. In Schillers *Räuber* dann ist die große Rolle des Spiegelberg die seine. Überhaupt: Am Schauspielhaus darf Dirk Bach nun als festes Mitglied im Ensemble die Beute seiner Lehr- und Wanderjahre vorführen und unter der Regie von Torsten Fischer an den Fassetten seiner Schauspielkunst feilen. Er spielt den Part eines Nazis in *Waikiki Beach*, in Shakespeares *Was ihr*

90-minütiger Monolog über Einsamkeit: *Der Marquis schreibt einen unerhörten Brief*

wollt und in Sternheims *Bürger Schippel* die Titelrolle. Ganz besonders tritt er mit *Der Marquis schreibt einen unerhörten Brief* auf, ein 90-minütiger Monolog über die Einsamkeit. Dirk Bach ist unerhört gut – und nicht nur die Zunft der Kritiker baff verblüfft.

Diese Zeit ist zudem *the beginning of beautiful friendships*: Dirk Bach spielt erstmals mit Hansjoachim Krietsch und auch mit der gerade nach Köln gewechselten Katja Bellinghausen – der späteren Coco in LUKAS. Beide beschäftigt Dirk Bach auch oft und gerne in seiner im Fernsehen nun sehr erfolgreichen *Dirk Bach Show*. Und das alles sollte nicht ohne Folgen bleiben (dazu gleich mehr)…

Parallel zum Theater…

Die Show auf RTL ist nicht das Einzige, was Dirk Bach damals parallel zum Theater auf die Beine stellt. Er spielt in den Kinostreifen *Kein Pardon* (von Hape Kerkeling) und *Nich' mit Leo* mit. Und wer will, kriegt Dirk Bach ab 1993 auch auf CD zu hören. Für das legendäre Cover seiner *Egostar*-Disc feiert Dirk Bach dabei eine hemmungslose Hommage an Burt Reynolds: Er räkelt sich nur mit einer Zigarre bekleidet lustvoll auf einem Eisbärfell, lässt den schrillen Schnappschuss in bestem, trashig-kitschigen Pierre-et-Gilles-Stil mit Rosen umranken. Mit Jürgen von der Lippe und Herbert Feuerstein beschwört er felsenfest, dass „Marmorstein und Eisen bricht". Und nach einem Gedenkkonzert für die von ihm hoch geschätzte, „gottvolle" Trude Herr vor 8000 Menschen am Kölner Dom fordert Dirk Bach bald auch per CD: „Ich will keine Schokolade – ich will lieber einen Mann!" Kurzum: Dirk Bach ist spätestens jetzt bekannt wie ein bunter Hund…

Und das führt im Theater dazu, dass Schüler, die in Schillers lehrreiche *Räuber* gescheucht wurden, ausnahmsweise einmal nicht rumlärmen oder einschlafen, sondern irritiert wie fasziniert zugucken. Macht der kleine, dicke Mann aus dem Fernsehen da auf der Bühne doch plötzlich so ganz andere Sachen! So weit, so gut. Wenn das Publikum aber gänzlich ungeniert anfängt zu klatschen, sobald Dirk Bach die Bühne betritt (und das passiert damals häufig), fühlt der sich zwar geschmeichelt, aber irgendwie auch etwas peinlich berührt…

Was noch?

Vielleicht, dass Dirk mit 16 zum Schwarzfahren aufgerufen und deswegen auch ein bisschen Ärger bekommen hat. Er kandidierte 1979 für die Grüne Alternative Liste und sammelte in einem bäuerlichen Vorort Kölns 182 Stimmen. Für die Fußballfans: Dirk Bach war offiziell Mitglied im 1. FC Köln (ja!) und freute sich im Müngersdorfer Stadion stets besonders über Horst Held, „weil der immer so putzig über den Ball stolperte". Viele sehen Dirk Bach nochmal im Kino, weil er sich für ein Kölner Boulevardblatt werbewirksam in die Wanne hockt (und während der stundenlangen Dreharbeiten a) aufweicht, b) allen Spaß macht, weil er den Enten immer lustige Schaumkronen aufsetzt).

1995 dann bekommt Dirk Bach seine zweite Auszeichnung

Ein Bierglas! (Gut: Es ist 40 Zentimeter groß, aus Bleikristall, und ein bisschen Geld war auch noch dabei – das Dirk Bach aber gleich der Kölner AIDS-Hilfe stiftet.) Es ist der Preis der Kölner Gilden-Brauerei, und den bekommt er nicht nur, weil er nach Worten des Laudators Jürgen Becker ja ein so ehrenwerter Bierbauchträger sei… Den Preis gibt's vielmehr für jene Kölner, die vor allem kulturell in der Stadt etwas bewegen. Und da kommen die Stifter – und das dürfte bis hierhin ja auch klar geworden sein – an Dirk Bach nun wirklich nicht mehr vorbei.

Es ist also 1995, und der Schauspieler Dirk Bach hat sein Handwerk gelernt, die unterschiedlichsten Rollen gespielt, seine Vielseitigkeit ins Rampenlicht gerückt. Er mag es gerne extrem und kontrastreich, gerne brüllendkomödiantisch, gerne bunt. Und er ist wie immer von dem Wunsch beseelt, sich doch mit seinem nächsten Projekt wieder ein Stückchen zu verändern und weiterzuentwickeln. Ja und zu der Zeit rollt eine Sitcom-Welle durch das Land – und das passt (zu) Dirk Bach nun wirklich gut.

In einer Sitcom „kann man Geschichten über Leben und Tod, Elend und Liebe erzählen, und das ist eben auch lustig, auch wenn's sehr dramatisch ist. Da liegen Lachen und Weinen eben ganz nah beieinander. Genau das beglückt mich als Schauspieler sehr, das ist einfach geil – und das gibt's auch in keinem anderen Format." (Dirk Bach)

Bunt, schrill, schräg: Die *Dirk Bach Show* ist top – und der TV-Durchbruch für Dirk Bach

LUKAS und wie alles anfing

Als Lukas noch in einer Werbeagentur arbeitete, Ludwig Schuster war und es einen Bruder Paul in Amerika gab

Darf ich vorstellen: Lukas Lenz! 35 Jahre, leicht kurzsichtig, variiert gerne seinen Bartwuchs (mal Stoppeln, mal Schnäuzer), studiert, von Beruf: Werbetexter! – Werbetexter? Kurzsichtig? Schnäuzer?! Das ist doch nicht der Lukas Lenz! Genau: Das ist Lukas, wie er ursprünglich mal durch die Köpfe der Erfolgsserie geisterte! Bis Lukas schließlich als der leicht übergeschnappte Schauspieler mit Lisa, Ludwig, Coco (und Flora Fledermaus!) von der Kölner Pro GmbH zum Leben erweckt wurde und im ZDF das Laufen lernen konnte, war's ein weiter Weg:

Ende der Achtzigerjahre. Das Privatfernsehen ist da! Alle Deutschen lernen das Zappen, weil plötzlich gibt es mehr zu gucken. Alles ist bunter, schriller, auf- und: erregender!

Sommer 1992: Dirk Bach witzelt sich bei RTL als Erwin Petermann durch seine Dirk Bach Show

Gut drei Millionen lachen zur Late Night Time – mehr als bei Thomas Gottschalk, den Dirk Bach eigentlich nur vertreten sollte. Eine Riesensache! Bis 1994 strahlt RTL 27-mal die abgedrehte Sketsch-Show aus. Und: will mehr von und mit Dirk Bach zeigen. Schön schräg darf, besser: soll's weiterhin sein!

Das war für Dirk Bach der TV-Durchbruch, aber nicht nur: Die Pro GmbH, die das Ganze produzierte, hatte wieder mal bewiesen, dass sie für gute Unterhaltung einen Riecher hat. Schon in den Anfangstagen der Pro war das so: 1979 gründet Alfred Biolek als Erster in Köln eine freie TV-Firma, macht aus einem

1984 bei Bio im Boot: Dirk Bach (hier mit Billie Zöckler bei einem Auftritt in Alfred Bioleks *Showbühne*)

stillgelegten Straßenbahndepot seinen *Bio's Bahnhof* für die ARD – und schreibt mit der mutigen weil so ganz anderen Liveshow gleich ein Stück Fernsehgeschichte. Das Kapitel trägt auch die Handschrift von Andreas Lichter, dem LUKAS-Produzenten.

Der studiert in den Siebzigern Soziologie und Volkswirtschaft in Köln und hat mit Fernsehen damals gar nichts zu tun. Das ändert sich jedoch schnell, als er nach seinem Examen über einen gemeinsamen Freund Alfred Biolek kennenlernt. Bio fragt den jungen Mann, ob der nicht Lust hätte, bei einer neuen, so ganz anderen Talkshow mitzuarbeiten? Er hat. Andreas Lichter, da gerade mal 30 Jahre alt, mischt bald zudem in der *Plattenküche* mit und sucht für *Am laufenden Band* die Kandidaten aus. Vor allem aber wird er Mitgesellschafter in Bios Pro, und macht den Bahnhof mit groß.

Andreas Lichter sorgt für die richtige Mischung auf der Bühne, holt aber nicht nur Weltstars wie Sammy Davis junior in die Bio-Show, der *Bahnhof* soll auch ein Sprungbrett für junge Künstler sein. Andreas Lichter geht in die Kleinkunst- und Kabarettszene, guckt sich

beim Theaternachwuchs um. Als er am Schauspielhaus in Prometheus einen jungen Mann mit einem Eselskopf auf einem zwei Meter hohen Stahlstuhl hocken sieht – ist er begeistert! Fortan beobachtet er Dirk Bach intensiv. Schnell sind die beiden bestens befreundet und spinnen abends am Tresen deshalb wild und hemmungslos rum, beratschlagen, was man eines Tages und auf alle Fälle aber mal gemeinsam machen wird …

LUKAS-Produzent Andreas Lichter

Wie bitte macht man
eigentlich eine gute Sitcom?

Bald ist's soweit: Dirk Bach kommt 1984 bei der Pro unter Vertrag, und mit *Edgar* bringt man 1989 über 300-mal vielumjubelt ein Solostück auf die Theaterbühne. Und dann die *Dirk Bach Show*. Die befördert die Zusammenarbeit von der Pro und Dirk Bach auf eine ganz andere Ebene: Dirk Bach wird neben Alfred Biolek und Andreas Lichter dritter Gesellschafter in der Pro GmbH.

Dirk Bach steht also 1993 bei der Pro mit auf der Kommandobrücke – aber welchen Kurs schlägt man jetzt ein? Dabei muss man nur mal schauen, was die Zielgruppe gerade so zum Brüllen komisch findet: *Eine schrecklich nette Familie*, die *Golden Girls*, *Roseanne* – das ist jetzt Kult. Es sind diese so genannten Sitcoms, die wieder einmal in Amerika produziert werden. Da hat Comedy wie in England beste Tradition.

Sitcom – wer das einfach mit Situationskomödie übersetzt, wird auch nicht schlauer

Also kurz zur Erklärung: Sitcom ist vor allem etwas ganz anderes als die Soap, die Seifenoper. Aber mit der verwechselt sie fast jeder. Denn wer bei einer Sitcom einschaltet, kann zum Beispiel sofort in die Geschichte einsteigen. Die ist vom Kern her meistens alltäglich. Weil wir es hier aber mit Comedy zu tun haben, wird das Ganze in einer halben Stunde und in wenigen Bildern auf der Bühne auf die Spitze getrieben: Gerade mal eine Hand voll Schauspieler wirft wild mit Pointen und gerne mit Zoten um sich, es kann superbunt, krawallig laut, aber auch anrührend leise werden… Alles in allem wird's zumeist mächtig spaßig! Das kriegen die Leute zu Hause nicht nur zu sehen, sondern auch zu hören. Die klassische Sitcom wird live im Fernsehstudio vor Publikum aufgezeichnet – also inclusive aller Lacher, die dem TV-Theater wie ein Markenzeichen anhaften. Zum Schluss geht's allen, die mitgespielt haben, übrigens wieder so wie am Anfang. Sprich: Jede Folge einer Sitcom ist in sich abgeschlossen. Und das bitte soll mal einer von der Lindenstraße behaupten!

Plötzlich ist das Sitcom-Fieber da

Und auf der Welle wollen die deutschen Sender jetzt richtig mitreiten. Doch Sitcom, das ist ein hartes Geschäft, und so holen sich dabei alle erstmal nur eines: blaue Flecken! Denn statt nun selbst von A bis Z lustige Serien auf die Beine zu stellen, stürzen sich die Sender weiter auf die Knüller aus dem Ausland – und kopieren nun munter drauflos! Heißt: Aus amerikanischem Football wird einfach deutscher Bundesliga-Fußball, und weil sowas ja mal gar nicht geht, setzen die Macher ihre investierten Sitcom-Millionen dramatisch in den Sand… Trotzdem: Das Fieber ist da, und auch RTL

will es trotz einiger Bauchlandungen in Sachen Sitcom wirklich wissen. Der Mann, auf den man nun setzen will, heißt Dirk Bach. Der möge mit seiner Pro GmbH doch bitte eine richtig schöne, deutsche Sitcom entwickeln! Das passt gut: Schon als Kind lachte Dirk über die kulleräugige Lucille in dem US-Klassiker *I love Lucy*, als Schauspieler dachte er sich später: „Zu sowas hätte ich auch mal Lust!" Denn: „In einer Sitcom, da kannst du wunderbar Geschichten erzählen, für die das Sozialdrama Stunden braucht – und die Leute dann oft sehr angeschnarcht sind."

Herbst 1993 – Auf geht's!

Zum LUKAS-Team der ersten Stunde zählen unter anderem die heutige LUKAS-Head-Autorin Marie Reiners, Angelika Bartram, Andreas Föhr und Martin Letocha. Dirk Bach macht natürlich auch von Anfang an fein mit, Produzent Andreas Lichter bei neuen Pro-Projekten sowieso. Alle sind sehr motiviert – die Frage ist nur: Wie bitte macht man eine gute

Das LUKAS-Team der ersten Stunde: Dazu gehörten unter anderem Angelika Bartram, Helmut Seliger, Marie Reiners (v.l.n.r.) und Dirk Bach

Sitcom?! Wie gut, dass da Jürgen Wolff mit von der Partie ist. Der ist mehrfach ausgezeichneter, deutsch-amerikanischer Drehbuchautor, Berater von Columbia TriStar, Leiter von Workshops über Sitcom-Writing… – und nicht nur für Dirk Bach der „Red Adair der Sitcom" auf dieser Welt! Und für LUKAS verrät Retter Wolff sein Fachwissen zum allerersten Mal an eine deutsche TV-Produktion.

Dass man von der ersten LUKAS-Zeile an gleich im Team arbeitet, ist übrigens eines der vielen Dinge, die man von den US-Profis lernen soll. Selbstverständlich war das nicht. Zwar kennt Dirk Bach seine Autoren seit Jahren. Aber gute Comedy-Schreiber gibt's in Deutschland wenige, und die kriegen bei Gruppenarbeit, heißt es, eher Bauchschmerzen. Doch viele Köpfe haben mehr und wohl auch die zündenderen Ideen – und so soll's ja sein! Nach Jahren – zweifellos lustvoller – Zusammenarbeit werden die LUKAS-Stamm-Autoren trotzdem sagen, dass wer Eitel- und Empfindlichkeiten nicht handeln kann, selbstverliebt an Ideen klebt, lieber gleich zu Hause bleiben und „Lyrik im Selbstverlag" herausbringen soll! Ein dickes Fell muss sich das A-Team zulegen…

Zweieinhalb Jahre vor Ausstrahlung der ersten LUKAS-Folge

Es ist November 1993, bei Marie Reiners in Köln steht das Faxgerät nicht still. Der Draht nach London, wo Jürgen Wolff lebt, glüht. Alle sind mit Eifer bei der Sache und tauschen Ideen aus. Fest steht damals nur: Wir wollen mit Dirk Bach und vor allem um Dirk Bach herum eine Familien-Sitcom machen! Und diese Familie sollte irgendwie anders, grundsätzlich aber auch wieder ganz normal sein. Den Geist einer verstorbenen Oma, der aus der Mikrowelle spricht, und damals als klasse Idee durch die Branche wabert, will das Dirk-Bach-

Team jedenfalls nicht beschwören. Auch LUKAS-Entwicklungshelfer Jürgen Wolff mahnt: Nicht abgedrehte Situationen und zotige Sprüche machen eine gute Sitcom. Der Schlüssel zu den Herzen der Fans liegt bei den Charakteren.

Rückblickend betrachtet, treibt die Fantasie des Bach-Teams ganz schön wilde Blüten

Oder wer kann sich Ludwig als einen Schuster und Lukas als Jakob vorstellen, der in einer Werbeagentur arbeitet?! Und zu Hause sollten die Lenze ursprünglich irgendwo in einem Einfamilienhäuschen sein! Immerhin, da sollte sich Lukas auch schon als alleinerziehender Vater durchschlagen. Seine Frau lassen die Autoren gnadenlos sterben, bevor sie je in einem Konzept auftauchen konnte. Dagegen liebäugelte man über längere Zeit mit Paul, einem älteren Bruder von Lukas. Der sollte in Amerika leben und ganz toll, ganz blond und ganz erfolgreich sein – angeblich… Oder: Nachbarsjunge Oliver von Kosietzky, smarter Beverly-Hills-90210-Typ. Der – so war's mal geplant – würde ständig bei den Lenzen rumlungern! Das wussten die Autoren letztlich aber doch zu verhindern – und schmissen nicht nur Olli aus ihren Büchern wieder raus. Heikel aber war die Sache mit der starken Frau, die man an Lukas' Seite wollte: Die alte Harry-und-Sally-Frage (Können Männer und Frauen wirklich nur miteinander befreundet sein?) sollte bei den Lenzen damit nicht im Raum stehen…

April 1995

Viele Meetings später, viele Meter Faxpapier weiter. Dirk Bach hatte klar gemacht, was ihm am Herzen liegt. Jetzt gibt es die nicht ganz normale Familie, mit einem alleinerziehenden Vater, einem klugen Großvater und einem festen Platz für Lukas' beste Freundin Coco

Vorsicht! Heiß und lesbisch! Coco mit Freundin Gala

(rechts auf dem ollen Lenzschen Ledersofa, wie sich zeigen sollte). Und weil Dirk Bach in einer Sitcom, die seine sein soll, eben ein bisschen mehr von dem repräsentieren will, was es gibt auf dieser Welt, hatte Coco im Laufe der LUKAS-Geburtsphase ein Coming-Out als Lesbe. Damit hatte man allerdings das Thema Homosexualität auf dem Tisch… Welche Rolle das spielt, weiß Dirk Bach selbst nun sehr gut wie unmissverständlich zu erklären: „Es ist wichtig, dass es in der Sitcom einfach vorkommt. Also: Es spielt natürlich keine Rolle, weil es spielt grundsätzlich keine Rolle. Es spielt so keine Rolle, wie es eben keine Rolle spielt. Aber es ist eben da! So! Und das spielt eine Rolle!" Punkt.

LUKAS ist wieder zu haben…

Ob da überhaupt mal irgendwer mit irgendwem in den nun festen Rollen spielen würde, ist aber plötzlich gar nicht mehr so klar… Im Frühjahr 1995 steht die Pro mit ihrer fix und fertig konzipierten Sitcom mitmal ohne Sender da! Mit RTL hatte man sich erst über Kinkerlitzchen, später um Grundsätzliches gestritten

– und sich schließlich getrennt. Lange in der Luft hängt LUKAS aber nicht: Das ZDF ruft an. Axel Beyer ist damals gerade vom Kölner WDR als neuer Unterhaltungschef nach Mainz gewechselt und hat sich einiges vorgenommen: Er will jüngere Zuschauer und Farben ins Programm mischen, will aus dem singenden und lachenden Mainz Unterhaltung senden, die dann doch ein bisschen zündender ist als der Wunderkerzen-Einmarsch der *Traumschiff*-Köche zum Kapitänsdinner.

Oha – kühnes Vorhaben!

Das ZDF ist schließlich eine öffentlich-rechtliche Sendeanstalt und gemeinhin von der Aura des seriösen Informationslieferanten umgeben. Wenn das Zweite Geschichten erzählte, dann waren das meistens die der Reichen und Schönen und spielten in Familiendynastien oder Schwarzwaldkliniken. Mit der Postamtserie *Salto Postale* hatte das ZDF allerdings schon eine erfolgreiche Sitcom gemacht. Man hatte den Zeitgeist am Schlafittchen gepackt und Ossis' wie Wessis' Wende-Problemchen auf die Schippe genommen. Aber was kann man noch ma-

Mischten mehr Farbe ins zweite Programm: Axel Beyer (rechts), 1995 Unterhaltungschef beim ZDF, im Gespräch mit dem für LUKAS verantwortlichen ZDF-Redaktionsleiter Horst-Christian Tadey; links: LUKAS-Produzent Andreas Lichter

chen, um die Humorfarbe im ZDF zu verstärken? Da plötzlich ist LUKAS zu haben. Und Axel Beyer findet offensichtlich, wonach er sucht, kauft die Serie, kauft gleich eine ganze Staffel für das ZDF, gleich 13 Folgen im Paket.

Dass die Familiengeschichten um die Lenze viel versprechen, das findet damals auch Horst-Christian Tadey, Redaktionsleiter beim ZDF und verantwortlich für LUKAS. Aber… Muss diese Coco unbedingt lesbisch sein? Horst-Christian Tadey kennt die Strukturen in seiner Sendeanstalt sehr genau. Und deshalb sieht er vor seinem geistigen Auge bereits dunkle Wolken voller Irritationen und endloser Reibereien wegen dieses LUKAS über dem Lerchenberg aufziehen…

Vertrauen satt im Vorschuss für Dirk Bach und die LUKASse

Man mag sich an dieser Stelle vielleicht einmal kurz fragen, warum eigentlich Mut und Durchsetzungswillen vonnöten sind, um etwas wie LUKAS (öffentlich-rechtlich) zu senden? Aber so ist es nun einmal. Und deshalb ist der Vertrag, den das ZDF und die Pro im März 1995 schließen, Vertrauen satt im Vorschuss für Dirk Bach und die LUKASse. Die fühlen sich beim ZDF übrigens gleich mächtig wohl und freuen sich, endlich bald ins Aufnahmestudio ziehen zu können…

Ach ja: Den Schnäuzer, vor allem: den Job als Werbetexter wurde Lukas vor Drehbeginn ja dann auch noch rechtzeitig los. Schlichtweg „furchtbar!" fand Dirk Bach das. Komisch: Er konnte es sich dann doch viel besser vorstellen, einen Lukas zu geben, der ein „durchgeknallter Schauspieler" ist…, „der seinen Irrsinn, seine etwas ungewöhnliche Art mit ungewöhnlichen Situationen umzugehen, damit begründen kann, indem er auch etwas Ungewöhnliches tut…"

„Hoppla, hier kommt Lukas Lenz hereingeplatzt…"

Die etwas andere Familie aus Köln-Nippes

„Hoppla, hier kommt Lukas Lenz hereingeplatzt,
Lisa, die Tochter, ist sein größter Schatz,
für Lukas wär' das Leben gerade halb so schwer,
wenn da nicht, ja wenn da nicht Opa Ludwig wär'!
Seine Freundin Coco ist 'ne Luxus-Frau,
die Familie kennt ihren Lukas ganz genau:
Als Flora, die Fledermaus, macht er Kindern Spaß.
Lukaaas…!! Lukaaas..!!!"

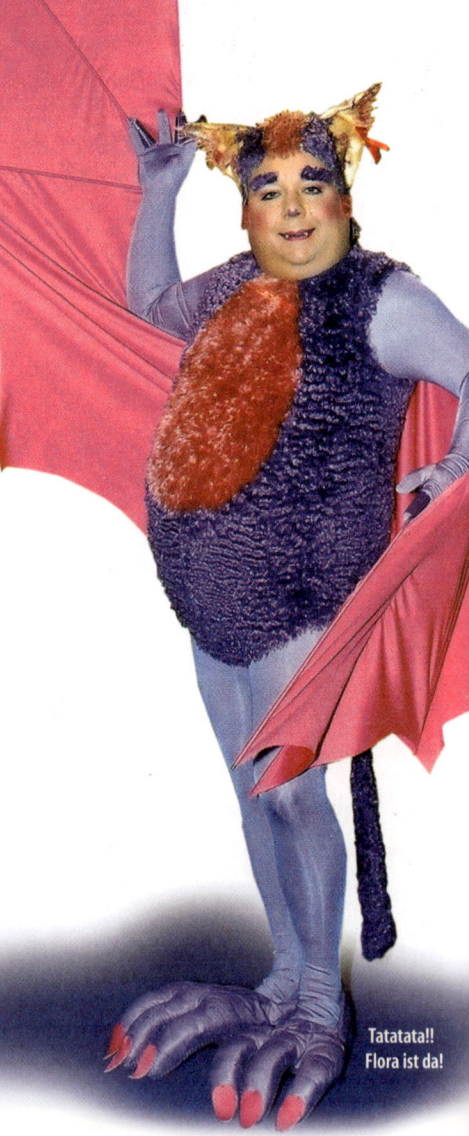

K napper kann man's wohl kaum sagen, um wen und um was es in LUKAS nun eigentlich geht. Zu diesem Titelsong flattert Flora-Lukas zum Auftakt jeder LUKAS-Folge ins Lenzsche Wohnzimmer. Geschrieben hat ihn übrigens die damalige Frankfurter Band Creme 21, die mit *Traumfrau* und *Ich mag Tiere* 1995 zwei Super-Sommerhits hatte. Und auch das LUKAS-Lied sollte – siehe oben – ja sowas wie ein Ohrwurm werden.

Es gibt aber auch die so genannte LUKAS-Bibel, und in der steht ganz genau, was in LUKAS Sache ist. In der Bibel haben Jürgen Wolff und die Autoren festgeschrieben, was die Familienmitglieder so für Typen sind, welche Macken sie haben, was sie vereint, was sie trennt und was sie wieder versöhnt. Auf die Bibel schwört das LUKAS-Team in jeder Folge, das ist der heilige Kern, der in allen Geschichten um Lukas, Ludwig, Lisa und Coco steckt. Und der sieht (für die, die es noch nicht wissen sollten) so aus:

Im Mittelpunkt steht Lukas. Der also ist ein kleiner chaotischer Schauspieler und erzieht

Tatatata!!
Flora ist da!

seine Tochter Lisa alleine. Außer einer Sendung im Privatfernsehen, in der Lukas als Flora, die fliederfarbene Fledermaus, die Welt für Kinder einmal in der Woche auf den Kopf stellt, hat Lukas allerdings kein festes Engagement. Immerhin: Mit Flora bringt Lukas genug Geld nach Hause, um sich und seine Familie durchzufüttern.

LUKAS…

…spielt in Köln, genauer im Multi-Kulti-Stadtteil mit dem netten Namen Nippes. Da wohnt Familie Lenz in einer großen Altbauwohnung. Und die Lenze sind etwas anders, weil hinter deren Wohnungstür (manchmal aber schon im Hausflur) mit Großvater Ludwig, Vater Lukas und Tochter Lisa gleich drei Generationen miteinander kämpfen. Da geht's oft ordentlich zur Sache, weil die drei wirklich extrem, eigen und stur sind…

Lukas versucht, für Lisa Vater und Mutter gleichzeitig zu sein. Super Idee – wenn er doch bloß selbst schon mal erwachsen wäre! Lukas ist nämlich der absolute Kindskopf, was für seinen Beruf zwar prima, in puncto Erziehung aber manchmal so eine Sache ist… Lisa erträgt Lukas' pädagogische Mätzchen aber mit Fassung. Sie hat sowieso andere Sorgen: Immerhin steckt sie gerade mitten in der Pubertät und muss sich zudem ja als einzige Frau in einem Männerhaushalt behaupten… Das alles wäre wohl noch locker in den Griff zu

Lukas: „Wenn morgen nicht die alten Kollegen von Ludwig hier auftauchen, gibt er sich die Kugel."
Coco: „Wieso? Er lebt doch schon mit einer zusammen."

kriegen, wenn da nicht auch noch Großvater Ludwig über den beiden in einer Maisonettewohnung leben würde… Ludwig war früher mal Prokurist, ist heute – seiner Meinung nach – Quell' reiner Weisheit und hat äußerst genaue Vorstellungen von einem anständigen Familienleben. Deshalb organisiert er zum einen den Haushalt – und kümmert sich

Lukas: „Und was machen wir mit dem ganzen Essen? Wir müssen alles wegschmeißen, alles wegschmeißen…."
Coco: „Lukas, Lukas, und bei den Weight-Watchers hungern die Menschen…"

nebenbei auch um alles, was ihn nichts angeht.

Fast so etwas wie ein Familienmitglied – aber eben nur fast – ist dann noch Coco, Coco Weber. Coco ist attraktiv und kreativ, eine erfolgreiche Fotografin und Lukas' beste wie lesbische Freundin. Darum auch geht Coco bei den Lenzen seit Jahren fröhlich ein und aus – und manchmal fragt man sich schon: Warum eigentlich hat Coco noch keinen Schlüssel?!

Die Geschichten in LUKAS drehen sich meistens um die drei Lenze – in der Hauptsache aber um Lukas selbst. Da geht's zum Beispiel um Lukas' Versuche, sich durch den Theater- und Mediendschungel zu kämpfen. Es geht aber auch um alte Freunde und neue Lieben, kleine, größere oder eingebildete Weh-

wehchen, Geburtstage, Beerdigungen, Jubiläen, willkommene wie weniger willkommene Besuche, Schicksalsschläge und Schabernack… Sprich: Bei LUKAS ist von der Gefühlspalette zwischen himmelhochjauchzend und tödlich betrübt wirklich alles und gar nicht selten auf einmal drin! Im Grunde ist auch egal, was genau bei den Lenzen passiert, denn eines ist sicher: Auf dem Ausweg aus dem Tohuwabohu kommen sich alle immer hübsch näher. Und am Ende ist garantiert wieder Friede, Freude, Eierkuchen!

So weit, so gut. Aber wer nun sind Lukas, Ludwig, Lisa und Coco genau? Wie alt sind sie? Was haben sie in ihrem Leben schon alles angestellt? Was ist ihnen wichtig – und: Wer soll sie spielen? Hier – erstmalig und exclusiv – Auszüge aus der LUKAS-Charakter-Bibel und dem LUKAS-Lexikon.

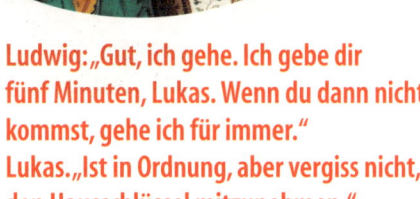

Lukas Lenz...

… ist am 9. Mai 1960 geboren und Sternzeichen Stier. Mit sieben klaute er irgendwo mal drei Brausewürfel und blies regelmäßig die Kondome seines Vaters Ludwig auf. In der Grundschule nannten Lukas alle Fettbäckchen, später dann Titschi, und darauf reagiert Lukas heute mitunter noch recht allergisch. Als Teenie war Lukas mal Punk, machte gerne FKK, war in seine Englischlehrerin verliebt und arbeitete (so sagte er damals) für die CIA. Lukas hat bis heute keinen Führerschein, träumt aber von einem Porsche. Lukas' Frau hieß Marie, und seitdem die gestorben ist, ist Lisa für Lukas neben seinem Beruf das Wichtigste im Leben. Er ist sehr stolz auf seine „Prinzessin" und versucht fast alles, damit es ihr gut geht. Dabei übersieht Lukas gerne, dass sein Schatz kein Kind mehr ist. Falls er es bemerkt, bricht es ihm das Vaterherz: „Kann sie sich nicht noch ein bisschen Zeit lassen mit ihrem ersten Freund? Vielleicht so: bis ich tot bin…?!" In puncto Partys und Partner schwankt Lukas in Lisas Erziehung dann auch entschlossen zwischen Toleranz, Autorität und – Hysterie.

Doch bei aller Liebe: Lukas kann auch ganz schön egoistisch sein! So ist er wirklich nicht grenzenlos bereit, seine Interessen die seiner Familie unterzuordnen. Da glaubt er lie-

ber an das prima Prinzip: „Bin ich glücklich, ist auch der Rest der Familie glücklich!" („Oder?") Immerhin hat Lukas aber so viel Familiensinn, dass er seinen Vater Ludwig bei sich aufgenommen hat – obwohl er schon ahnte, was ihn da erwartete: Ludwig mischt sich ständig in alles ein, und das kann ganz schön nervig sein! Zumindest ist für Lukas aber o.k., dass Ludwig im Haushalt das Zepter in der Hand hält. Derweil vertraut er fest in seine eigene Zukunft als Künstler und Schauspieler. Von seinem Vater bekommt Lukas da allerdings kaum Anerkennung – und wenn, dann nur hinter vorgehaltener Hand.

Überhaupt: Lukas und Ludwig haben ja ihre ganz spezielle Art miteinander umzugehen… Da fliegen die Fieslichkeiten wie beim Ping-Pong hin und her. Für Lukas ist sein Vater abwechselnd greis, gichtig, alzheimerkrank, inkontinent, böse, aus der Steinzeit, erpresserisch, überflüssig, lästig – oder alles zusammen. Seine Vorschläge „Vielleicht sollten wir den tauben, alten Mann endlich notschlachten?" oder „Alte sollte man knebeln, fesseln und künstlich ernähren!" klingen richtig böse.

Doch Ludwig weiß sich bestens zu helfen. Er hat Lukas lange durchschaut und kommentiert ihn mal genüsslich gelassen, mal ebenso grantig scharf. Dann nennt er seinen „Parkin-Sohn" einen „fetten Gnom" oder „Dick-Doof-Maus" und macht sich in ei-

nem fort über dessen leicht stecken gebliebene Schauspielerkarriere lustig: „Weißt du noch, wo du in Faust I. das Fass in Auerbachs Keller gespielt hast?"

Das alles hört sich ganz schön hart an – ist aber herzlich! Denn auch wenn sie's nicht so zeigen: In ihrem tiefsten Inneren haben sich Lukas und Ludwig natürlich herzallerliebst, schätzen und achten sich sehr, sind stolz aufeinander, absolut harmoniebedürftig und versöhnlich und würden den anderen jederzeit gegen Gott und den Rest der Welt verteidigen. Und weil man um diese Familienharmonie weiß, kann man über die spitzen Sticheleien und rüden Wortgefechte in LUKAS ja auch so herzlich lachen!

**Lukas: „Nein, das meine ich nicht, das war nur ein schlechter Scherz."
Coco: „Ludwig, Sie wissen doch: Als Gott Lukas Taktgefühl geben wollte, sagte der: 'Nein danke, ich tanze nicht.'"**

Dass Lukas bei einer seiner vielen Pantomime-Einlagen einmal als lebensgroßes, knallrotes Herz auf der Bildfläche erscheint, passt also nur allzu gut. Lukas sitzt der Schalk im Nacken, er ist listig, ist witzig, hat Humor satt. Er ist offen wie ein Kind, und das ist für einen Schaupieler natürlich klasse! Lukas liebt Rollenspiele und ist Meister der Verkleidung. Darum flattert er (wenn er doch mal ehrlich wäre!) nicht nur wahnsinnig gerne als teddy-bauch-beplüschte Flora-Fledermaus durch die (Fernseh-)Welt, sondern lässt sich auch als Weinkönig Bacchus nur von ein paar zarten Reben umranken, gibt einen gruseligen weil glubschäugigen Kleinen Alien-Prinzen ab oder stakst als Braut in einer Art weißen Lackwurstpelle über den Laufsteg… Keine Frage: Lukas ist mit seinem Leib wie seiner ganzen Seele Schauspieler – und wird den Traum vom großen Durchbruch deshalb auch immer weiterträumen. (Obwohl… Eine Auszeichnung hat Lukas ja! Die Stadt Düren wollte ihn küren und zeichnete ihn eines Tages als den „sympathischsten Entertainer des deutschen Fernsehens" mit dem „Melitta-Nowottny-Preis" aus!) Allerdings kann Lukas sich nicht entscheiden. Darum macht er auch ständig mehrere Sachen gleichzeitig – oder er versucht es zumindest. Erhält er beispielsweise das Angebot für einen lukrativen Werbespot und für eine interessante aber mies bezahlte Rolle, setzt er alles dran, beides machen zu können. Dafür wird Lukas extrem einfallsreich und raffiniert, und zieht alle Register von zuckersüß scharmant bis hinterlistig berechnend.

Ab und an platzt aber auch Lukas mal die Hutschnur. Dann kann er hochgehen wie das HB-Männchen! Solch ein kleiner, cholerischer Anfall dauert aber nie länger als ein halbes Stündchen – und dann ist auch schon wieder alles gut.

Zu Lukas' Hobbies zählen neben dem Sichverkleiden Zaubern, Moormasken für die Haut, Gesellschaftsspiele, Fernsehraten (mit Coco und Lisa), Scrabble (mit Coco), die FDP hassen, Radfahren, Rollerblades und Kirmesbesuche. Und was nicht zu übersehen ist: Lukas ist sehr sinnlich und genussfreudig. Er liebt einfach gutes Essen und Trinken und kocht darum leidenschaftlich gerne. Und obwohl die offizielle LUKAS-Bibel auch Onanieren (Ups!) zu Lukas' Hobbies zählt, ist Lukas in puncto Frauen ebenfalls kein Kostverächter. Ab und an verliebt Lukas sich heftig, doch meist zeigt sich schnell, dass der heiße Flirt nur ein Strohfeuer war. Viel Zeit für Affären hat Lukas so-

Lukas: „Was haben wir denn da? Einen Bausatz für deinen Sarg, Vater?"

wieso nicht. Und außerdem ist Lisa immer sehr kritisch und eifersüchtig, wenn ihr Vater mal eine Frau mit nach Hause bringt. (Mit Coco ist das ja was ganz anderes: Die beiden sind sich gegenseitig der allerbeste Freund.)

Tja, und Lukas spielt also Dirk Bach. Und manchmal neigt man ja schon dazu, die beiden einfach in einen Sack zu stecken… Schließlich ist Lukas auch so ein bunter, lustiger Typ, ist doch so rein zufällig auch Schauspieler, und wohnt sogar in Köln. Aber Dirk Bach ist natürlich nicht der kleine, runde, übergeschnappte Lukas. Obwohl… Eines haben die beiden nun wirklich gemeinsam: die herzerfrischende Fröhlichkeit und Freundlichkeit, mit der sie durchs Leben gehen. Oder sollte man besser sagen: durchs Leben titschen…?

Ludwig: „Die Party kann ja heiter werden. Den ganzen Abend Lärm! Und der ganze Dreck! Und was das wieder kostet!"
Lukas: „Och – dich nur ein Lächeln. Aber ich sehe, der Preis ist zu hoch für dich."

Ludwig: „Du bist alt geworden, Margot."
Margot: „Ich kann es mir leisten. Du wirst wahrscheinlich nie so alt werden, wie du heute schon aussiehst."

Ludwig Lenz…

Ludwig: „Meine Sushis sind fertig. Beeilt euch, damit sie nicht kalt werden!"

…ist am 15. März 1932 geboren und Sternzeichen Fisch. Er war lange Manager und Prokurist bei Thönnies & Thönnies GmbH & Co KG: 1997 hätte er dort stolze 40 Jahre gearbeitet. Als seine Firma auf Computer umstellte, legte man Ludwig aber dringend nahe, mit 60 vorzeitig in den Ruhestand zu gehen… Das war für Ludwig in Ordnung. Den ganzen EDV-Kram konnte und wollte er auch nicht mehr mitmachen.

Ludwig war mit Margot verheiratet, die sich aber bald nach seiner Pensionierung scheiden ließ. Die Ehe scheiterte mit daran, dass Ludwig – nicht zuletzt wegen der üblichen Nachkriegserfahrungen – eher der kniepige Typ ist und permanent an Margots verschwenderischem Lebensstil rumnörgelte. Margot ist eben eine Lebenslustige, die ihren Ruhestand denn auch mit Reisen und anderen vergnüglichen Dingen verbringen wollte. Weil das mit dem spar- und genügsamen Ludwig unmöglich schien, warf sie ihren Göttergatten nach 30 Ehejahren kurzerhand aus dem Haus. Heute lebt Margot mit ihrem neuen Lover Friedhelm, einem langhaarigen Alt-Hippie-Esoteriker, glücklich auf Gomera und lässt den lieben Gott einen guten Mann sein.

Lukas: „Du riechst ja wie ein Jägerschnitzel – wo kommst du denn her?" Ludwig: „Aus dem Jägerhof."
Lukas: „Nur gut, dass du nicht nach Kontaktspray riechst."

Ist Margot einmal zu Besuch in Köln, ist Lukas vor Freude meist ganz aus dem Häuschen – obwohl er weiß, dass die Stimmung dann hochexplosiv wird: „Meine Mutter und meinen Vater zusammenzustecken ist ungefähr so, wie 'ne Ladung Nitroglyzerin trockenzuschleudern!" Vor allem Ludwig zetert dann in seiner typisch schrulligen Art – „Lieber gepflegt in Nippes als durchgeknallt auf Gomera!" – und wettert in einem fort: „Setzt doch diese rollige Rentnerin mit ihrem zotteligen Anhängsel endlich wieder vor die Türe!" Bestenfalls verzieht Ludwig sich einfach nach oben in sein Reich… (Übrigens soll er auch deshalb so schlecht auf seine Ex-Gattin zu sprechen sein, weil diese angeblich sein „hart erschuftetes Geld" mit auf die Kanaren genommen hat.)

Wie auch immer: Nach der Scheidung hat Ludwig es erstmal eine Weile alleine versucht, musste aber feststellen, dass er trotz allem Unabhängigkeitsstreben dazu doch nicht der Typ

ist. Darum also wohnt er heute bei Lukas. Da führt er ganz nach Buchhalter-Manier pedantisch-logistisch-rationalistisch den Haushalt und beteiligt sich sogar ein klitze-kleines-bisschen am Haushaltsgeld. Und weil Ludwig in allen Lebenslagen korrekt, beherrscht und diszipliniert ist, trägt er selbst beim Saugen und Putzen Schlips und Schürze.

Wie sich hinter Ludwigs rauer, mürrischer Schale ein weicher Kern versteckt, ist er allerdings auch nicht soo konservativ und verknöchert wie es scheint: Ludwig hat zum Beispiel einen durchaus ausgeprägten, wenn auch etwas merkwürdigen Humor… Obwohl er seine Scherze immer erklärt(!), verdrehen Lukas und Lisa meist nur die Augen, wenn Opa mal wieder aus vollem Halse lacht… Und: Ludwig ist immer wieder für Überraschungen gut! Er macht viele Schandtaten mit und hat regelmäßig seine schrillen Auftritte. Gerade wenn's um Frauen geht (die ihm früher reihenweise zu Füßen gelegen haben sollen), tritt der alte „Lustwig" hemmungslos und selbstbewusst in Konkurrenz zu Lukas. Da schmeißt er sich mal eben in einen weißen John-Travolta-Anzug und

Ludwig: „Spanner kommt von spannend."

Ludwig: „Wer hat im Kühlschrank das Licht angelassen?"

Lukas: „Der Biss von dem Hund ging fast bis auf die Knochen."
Ludwig: „Das wäre das erste Mal, dass man von dir einen Knochen sehen würde."

schmachtet ein brillantes Ständchen. Oder Ludwig gibt als Scharmeur alter Schule Gas, fährt den gewienerten VW-Cabrio der Lenze oder in schwarzer Lederkluft auf seinem alten, zusammengebastelten Motorrad vor!

Ludwig ist stets bemüht, Sinnvolles zu tun. Daher gibt's fast nichts, was er nicht schon einmal versucht hat. Zu seinen Hobbies zählen: Kochen (günstig), Fische, Fremdsprachen (diverse), Pfadfinder (ganz früher), Rauchen (ganz viel), Lesen, Schreiben (autobiographisch), Malen (nach Zahlen), Derrick gucken, Singen, Fies Asmussen („Mopsfiedel – Lachen bis der Arzt kommt") Heimwerken, Kartoffelschnitzen und das Gesellschaftsspiel Trivial Know How. Ludwig hat sich auch schon mal an einem Monstrum von Strickmaschine, im Squaredance wie am Sushi-Klötzchen-Basteln versucht – und immer wieder mal denkt er über ein Senioren-

studium nach. Nicht zu vergessen natürlich: Ludwig ist aktives Mitglied im Schachverein Patentia Nippes, in dem auch sein bester Freund Eugen mit von der Partie ist. Mit dem fährt er auch des Öfteren zu Schachturnieren ins Sauerland. Außerdem hängt Ludwig ständig mit der Nase vor irgendeinem Schlüsselloch oder beobachtet mit dem Fernglas die Nachbarn. (Darin unterscheidet Ludwig sich aber mitnichten von den anderen Lenzen: Neugierig und total indiskret sind die alle!)

Das alles füllt Ludwig jedoch lange nicht aus... Denn egal worum's geht, man kann darauf wetten: Ludwig mischt sich ein! Konflikte sind für den alten Besserwisser eine Herausforderung, und weil Lukas ist, wie er ist, versucht Ludwig immer noch, ihn zu erziehen. Und wehe, der folgt seiner Strategie nicht! Da kann Ludwig höllisch wütend werden! Doch dann nimmt Lukas seinen alten Vater einfach nicht allzu ernst – und nach kurzer Zeit, in der Ludwig genervt und scharf auf alles reagiert hat, lenkt er meistens von selbst wieder ein. Wie gesagt: Im Grunde seines Herzens ist Ludwig ja ein ganz Lieber, und in unbeobachteten Augenblicken zeigt sich, dass er sogar ganz schön nah am Wasser gebaut hat…

Bei einer wirft Ludwig jedoch ganz offen seine Prinzipien über Bord: Für Lisa würde er alles tun! Die genießt bei Ludwig absolute Nar-

Lukas: „Was bitte ist eine Tauschbörse?"
Ludwig: „Da bringt man unnütze Gegenstände hin, um sie gegen nützliche einzutauschen."
Lukas: „Wunderbare Einrichtung! Vielleicht kann ich dich gegen einen Pürierstab eintauschen."

renfreiheit. Und haben sich Lisa und Lukas mal wieder in der Wolle, ist für Ludwig keine Frage: Natürlich hat seine Enkelin Lisa Recht – oder sie bekommt es halt!

Hansjoachim Krietsch alias Ludwig

Hansjoachim Krietsch alias Ludwig Lenz

Ludwig: „Ich habe beschlossen, mit meiner Autobiographie zu beginnen."
Lukas: „Um wen geht's denn?"

Dass Hansjoachim Krietsch diesen ganz eigenen Kauz spielen sollte, war für Dirk Bach überhaupt keine Frage. Es konnte nur der große Mann vom Kölner Schauspielhaus sein. Da gehörte Hansjoachim Krietsch sage und schreibe von 1968 bis 1996 fest zum Ensemble. Er spielte (und die Beispiele hier sind nur einige wenige) auch an den großen Häusern in Dresden und Frankfurt am Main, hatte Gastspiele in Bonn, Hamburg und Berlin, in Italien und Japan. Hansjoachim Krietsch hat schon unter der Regie von Michael Pfleghar, Bernd Schadewald, Jürgen Flimm und gar Wim Wenders gedreht. Im Fernsehen sah man ihn in einigen Haupt- und (nicht nur im *Tatort*) in diversen Nebenrollen. Ja, und in *Janoschs Traumstunde*, da hat er mit seiner tiefen, tiefen Stimme die Tigerenten-Geschichten erzählt. (Darum heißt Hansjoachim Krietschs vierbeiniger bester Freund, ein Boxer, auch Janosch.)

Sein schauspielerisches Zuhause jedoch hatte der 1932 geborene Hansjoachim Krietsch fast 30 Jahre auf der Bühne des Kölner Schauspielhauses. Da hat er x-mal den Tiger Brown in der *Dreigroschenoper*, den Bürgermeister in *Der Besuch der alten Dame*, den Teufel in *Merlin*, den Lazar Wolf in *Anatevka* und den

Hansjoachim Krietsch als Lazar Wolf in *Anatevka*

Warten auf den Einsatz

Hermann Göring gespielt. Und, und, und… Und uber die *Dirk Bach Show* kam Hansjoachim Krietsch schließlich zu LUKAS. Dafür hat er das Bühnentheater sogar aufgegeben.

Mit ihm in der Rolle des Ludwig war dann auch ganz schnell klar, dass Ludwig kein kleiner Schuster mehr sein konnte. Sicher: Hansjoachim Krietsch ist Vollblutschauspieler und hätte in LUKAS freilich den Schuster-Opa geben können. Aber das wäre wohl nur halb so vergnüglich geworden… Denn der pensionierte Prokurist Ludwig, dieser stoffelige, maulende Mann, dieser böse Alte mit dem bösen, trockenen Humor – diese Rolle geht Hansjoachim Krietsch äußerst locker und auffallend überzeugend weg.

Logo: Wie Dirk Bach nicht Lukas, ist Hansjoachim Krietsch nicht Ludwig Lenz. Aber so ein paar Parallelchen zwischen Charakter und Darsteller dürfen auch in diesem Fall gezogen werden: Pingelig! Kleinlich! Besserwisserisch! Hansjoachim-"zusammengeschrieben!"-Krietsch gibt zu, dass er das auch schon öfter zu hören bekommen hat. Und wer ihm bei LUKAS über den Weg läuft, wundert sich mal gar nicht, dass er da auch hinter den Kulissen als der „bös-alt-Mann" gilt. Das steht sogar auf

Ludwig: „Ich hätte noch Stunden weitertanzen können, aber die anderen Squaretänzer waren zu kurzatmig. Das Alter…, schon weit über fünfzig."
Lukas: „Greise! Und was hast du da in der Tüte, Vater – etwas gegen deine Pubertätspickel?"

seinem T-Shirt, das er vom Team zum Geburtstag bekommen hat. Denn Hansjoachim Krietsch umgibt sich nicht nur permanent mit einer dichten Zigarettenrauchwolke, sondern tatsächlich mit der Aura eines kauzigen, bass brummelnden, trocken kommentierenden, stolz ergrauten und ohne Frage ehrwürdigen, älteren Herrn… Da passt einfach, dass Herr Krietsch als Einziger im LUKAS-Team gesiezt wird und er nur für wenige „der Jochen" ist…

Aber! Wie bei Ludwig, so steckt auch hinter der Bös-alt-Mann-Fassade seines Darstellers freilich ein verdammt sympathischer, sensibler und zugleich äußerst zäher Mensch: Hansjoachim Krietsch, das hat er allein bei LUKAS mehrfach gezeigt, ist ganz, ganz hart im Nehmen… Und darum schwingt wohl eine

„Bös-alt-Mann" macht Spökskes

gute Portion Koketterie und Selbstironie mit, wenn er sogar die Kartengrüße aus seinen recht eigenwilligen Urlauben (mit dem Containerschiff nach Casablanca…) mit „bös-alt-Mann" unterzeichnet. Hansjoachim Krietsch – das bestätigt jede Kabelhilfe im LUKAS-Team – ist wirklich nett! (Und dass er seine Zigaretten des Öfteren schnorren soll, wird da gerne in Kauf genommen.)

Lisa Lenz…

… ist am 1. April 1982 geboren und Sternzeichen Widder. Eigentlich war Lisa immer bester Dinge, aber seit sie in der Pubertät ist, kann sie auch ganz schön launisch sein! Lisa glaubt (fälschlicherweise), dass man es als Erwachsene viel leichter hat und will deshalb so schnell wie möglich groß werden. Mit Pferdebildchen oder der Kelly-Family braucht man ihr daher schon lange nicht mehr zu kommen. Zeigt sich ein winziges Pickelchen auf Lisas Nase, wird natürlich auch sie typisch pubertär hysterisch…

Lukas: „Frau Wirtz lebt immer noch? In ihren Tante-Emma-Laden bin ich immer gegangen, als ich klein war." Lisa: „Wieso klein war?"

Ansonsten sieht Lisa nicht nur klasse aus, sie war immer schon etwas weiter als ihre Klassenkameradinnen. Das kommt sicher mit daher, dass sie durch Ludwig, ihren leicht verrückten Vater und die extrovertierte, lesbische Hausfreundin Coco von jeher mitbekommt, wie (farbenfroh) das wahre Leben sein kann. Das Zusammenleben mit den dreien ist zwar manchmal anstrengend, aber Lisa kennt's ja nicht anders! Darum reagiert sie immer äußerst cool, sollte ihr Vater als rosa Riesenplüsch-Hase die Türe aufmachen oder mal wieder kopf-

über als Fledermaus am Balkon trainieren… Und selbst wenn sie ohne Mutter aufgewachsen ist und leider auch kaum etwas von ihr weiß: Das vermeintlich Normale einer Durchschnittsfamilie vermisst Lisa keineswegs. Außerdem ist da ja noch Coco, und die ist für Lisa sowas wie eine große Schwester.

Lisa geht auf das Humboldt-Gymnasium. Sie ist beliebt, in allen Fächern gut und macht sich in der Schülerzeitung für die Menschenrechte, die Tierrechte, den Umweltschutz stark… In diesen Dingen ist sie übrigens oft Lukas' Gewissen. Lisa wurde zum Beispiel ganz schön sauer, als Lukas einen recht lukrativen Werbespot für ein allerdings auch recht umweltschädliches Insektenvernichtungsmittel machen wollte: „Da geht ein Pfennig an den WWF?! Das ist doch ein Fliegenschiss gegen den Reibach, den die mit dem Zeug machen!" Im Grunde ist Lisa aber stolz auf ihren Vater, und weiß, dass sie sich voll auf ihn verlassen kann. Unvergessen die Tage, als Lisa und Lukas sich mit Aishe, Lisas türkischer Klassenkameradin, solidarisch erklärten und kurzerhand beide Kopftuch trugen. (Beim Vorsprechtermin im Theater hat Lukas dann eben unter anderem eine blonde Perücke aufgesetzt.)

Lisa: „Ist die Pute fertig, wenn sie aus dem Hintern dampft?"
Coco: „Da ist doch jeder fertig…"

Bekommt Lisa ihrer Meinung nach einmal zu wenig Aufmerksamkeit oder Anerkennung, kann sie allerdings (wie Lukas) auch schnell trotzig werden und schmollen. Reicht das allein noch nicht aus und will sie wirklich etwas erreichen, weiß sie sich jedoch bestens zu helfen: Es ist eine ihrer leichtesten Übungen, ganz scharmant Lukas gegen ihren Opa Ludwig auszuspielen oder sich mit neuen CDs liebäugelnd als Erpresserin aufzuspielen… Meistens ist Lukas dann recht hilflos, wie auch damals, als Lisa auf einer Party zu Hause die hochprozentigen Reste aus allen Gläsern getrunken hat und sich schließlich nicht wegen eines Saturday Night Fevers vor ihrem Vater übergeben musste. Lukas hat's in seinem Pulli und mit Fassung getragen…

Beim Thema „Lisa und Männer" wird Lukas dagegen ganz hektisch! Das macht aber nichts, weil sein „Baby", das er „doch gewickelt, gebadet, gepudert!" hat, natürlich trotzdem im Laufe der Zeit alles ausprobiert, was Spaß macht: Erst verliebt Lisa sich in ihren Aerobiclehrer Gary, dann knutscht sie mit dem bebrillten Benni (Lukas: „…diesem Berserker!") rum, bis Rocker Keile (eigentlich Klaus-Dieter!) ihr erster, richtiger Freund wird. Mit dem übt sie dann nicht nur Gitarre für die Schulband Randale – mit Keile hat Lisa auch ihr erstes Mal…

Maria de Bragança alias Lisa (die Erste)

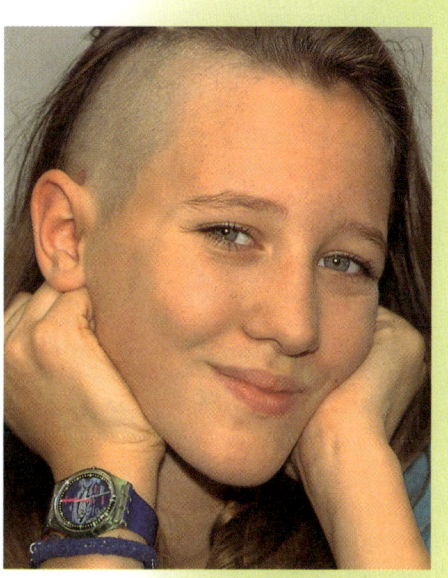

Maria de Bragança alias Lisa Lenz (die Erste)

Kleines Päuschen zwischendurch

Privatlook Irokesen-Haarschnitt: Maria in Lisas Zimmer

Maria de Bragança spielt Lukas' Tochter in den ersten drei LUKAS-Staffeln, und für Maria ist es nicht das erste Mal, dass sie vor den Kameras steht. Sie ist zwar keine richtige Schauspielerin – und will's auch gar werden (Maria möchte nach ihrem Abi 2000 vielleicht Sprachen studieren und einmal als Entwicklungshelferin arbeiten), trotzdem spielt sie 1993 schon für das ZDF die Tochter von Nina Hoger in *Ein Bett für Drei*. Das kommt davon, wenn man als Siebenjährige schon an Filmsets rumturnt: Marias Papa ist Karl-Heinz Braune, und der ist Szenenbildner und nimmt Maria nicht nur zu den Dreharbeiten für die *Sterne des Südens* nach Tunesien mit. Eines Tages dann macht Maria nur zum Spaß ein kleines Vorsprechen mit. Das klappte für das *Dreier-Bett* auf Anhieb, und auch zwei Jährchen später – da ist Maria 13 Jahre alt – kriegt sie die Rolle:

Beim Casting für die Lisa in LUKAS frikkelt Maria zwar nervös an ihren vielen Armbändchen rum, überzeugt mit der Improvisationsnummer „Wie überrede ich meinen Vater, dass ich doch auf die Party darf?" aber trotzdem. Außerdem finden sich Dirk Bach und Maria gleich auf Anhieb total nett. Lukas hat seine Tochter gefunden!

Maria passte aber auch klasse in die Lenz-WG! Ihre eigene Familie, mit der sie in Bonn lebt, ist nämlich ebenfalls alles andere als durchschnittlich: Erstmal hat Maria einen indischen Opa und ist damit quasi Viertel-Inderin. (Maria war schon ein paar Mal in Indien, reiste da wie im Gandhi-Film mit dem Zug herum und lernte sogar Mutter Theresa kennen.) Außerdem hat Maria neben ihrem leiblichen Vater noch einen sehr netten Stiefvater, einen älteren Bruder und vier kleinere Geschwister,

Ludwig: „Wie wird Lukas es verkraften? Er ist doch psychisch äußerst labil. Weißt du noch, wie hysterisch er war, als ich neulich die Zigarette nicht ganz richtig ausgemacht habe?"
Lisa: „Deine Couchgarnitur ist dabei abgebrannt, Opa."

um die sie sich immer ziemlich viel kümmerte. Zudem gehen die unterschiedlichsten Menschen in Marias Zuhause ein und aus – wie bei den Lenzen! Die LUKASse können sich daher freuen, dass Maria auch persönliche Farbe in die Rolle der Lisa bringt:

Den Irokesen-Haarschnitt zum Beispiel, mit dem Lisa Lenz eines Tages plötzlich zu sehen ist, den wollte Maria de Bragança für sich persönlich haben – und das passte prima auch zu Lisa. Bei den Klamotten hören die Gemeinsamkeiten zwischen Lisa und Maria aber auch schon wieder auf. Überhaupt: Maria de Bragança hat sich nie wirklich in der Lisa Lenz wiedererkannt. LUKAS war für sie „ein schönes, lustiges Hobby an drei Nachmittagen", zwischen Hausaufgaben, Gebärdensprache lernen und der Zeit mit Freunden oder ihrem damaligen Freund…

Als schon fast 40 LUKAS-Folgen im Kasten sind, soll es plötzlich eine neue Lisa Lenz geben. Maria de Bragança geht 1998 als Austauschschülerin für ein Jahr in die USA. Dort lebt sie in der Crawmer-Family ganz ungewohnt mit nur einer Schwester und besucht eine katholische Privatschule(!). Das LUKAS-Team kann leider nicht auf Maria warten und lädt deshalb im Oktober 1998 ein zweites Mal zum Casting für die Lisa Lenz ein. Zudem hat man sich auch entschlossen, die neuen Umstände für einen kleinen Sprung zu nutzen: Lisa soll jetzt kein Kind mehr, sondern inzwischen 17 Jahre alt sein – und ihre Darstellerin volljährig. Denn den Dreharbeiten mit Maria waren doch einige (Kinder-)Riegel vorgeschoben (regelmäßige Pausen, Hausaufgaben…). Nun wollten die LUKASse nochmal richtig loslegen – und zur vierten Staffel heißt es darum: Lisa, die Zweite.

Lisa, die Erste, und Lisa, die Zweite

Come-back: Nach einem Schuljahr in den USA hatte Maria noch einmal einen Gastauftritt bei LUKAS

Das ist ja lustig: Lukas mit seinen beiden Lisas! Und der schnieke Mann? Ist Keile!

Charlotte Bohning alias Lisa (die Zweite)

Und es verwirrt natürlich doch, als Charlotte da plötzlich bei den Lenzen im Rahmen steht. Die sieht ja ganz anders aus! Und die spielt auch anders! Das kommt nicht von ungefähr: Charlotte kommt im Januar 1999 geradewegs von der Schauspielschule zu LUKAS. Einmal Schauspielerin zu werden, war übrigens nicht gerade Charlottes Kindertraum. Kein Gedanke daran damals, als sie in der Grundschule in Bonn (wo sie wie Maria aufgewachsen ist) in *Des Kaisers neue Kleider* auf der Bühne steht. Auch nicht, als sie als 16-jährige mit Schnittchen und Salaten ihre erste öffentliche Filmpremiere feiert: *Honerath schreit Goofy!* hieß das Ferienexperiment in der Eifel – doch bei Charlottes Auftritt als Liebhaberin hätte selbst Ulrike Bohning ihrer Tochter nicht gerade eine Schauspielerkarriere vorhergesagt…

Doch so sollte es kommen. Nach dem Abi denkt Charlotte noch kurz daran, weiter zu tanzen: Zehn Jahre Ballett hat sie schließlich hinter sich. Oder vielleicht Kunstgeschichte studieren? Dann hat sie so etwas wie eine Eingebung, und nun geht alles sehr schnell. Schon ihr drittes Vorsprechen ist von Erfolg gekrönt, und Charlotte beginnt am Kölner Theater Der Keller im Frühjahr 1995 eine dreieinhalbjährige Ausbildung zur Schauspielerin. Mit der Gwen in *Next!* vertraut man ihr für das Abschlussprojekt an ihrer Schule die erste große Rolle an – bevor sie zu LUKAS durchstartet.

Obwohl… Leicht war es für Charlotte nicht, die Rolle der Lisa zu übernehmen. Nicht, dass sie sich im LUKAS-Team nicht gleich herzlichst aufgenommen fühlte – im Gegenteil: Den Bammel, den Charlotte in der ersten Drehwoche hatte, hat man ihr schnell genommen. Trotzdem: Es beeinflusst eben schon, zu wissen, dass da viele, viele Lisa-Fans die Maria – und Charlotte sagt „Zurecht!" – vermissen würden. Aber bald hatte Charlotte sich freigespielt, und heute kann man nun wirklich sagen: Sie ist eine verdammt gute Lisa Lenz! Der gibt Charlotte nicht nur durch ihre Schauspielkunst eine starke Persönlichkeit. Mehr als Maria kann sie sich in der neuen Lisa wiederfinden – „eigensinnig, wie die ist…"

Durch die kleine Geschichte damals mit Dirk Bach im Fix-und-Foxi-Anzug hat Charlotte heute übrigens ein ganz besonderes Verhältnis zu ihrem LUKAS-Papa. Aber das liegt vielleicht auch daran: Charlotte Bohning und Dirk Bach haben an demselben Tag Geburtstag – es liegen nur 14 Jährchen dazwischen.

Coco Weber…

Coco: „Oh, ich hätte auch gerne ein Kind." Lukas: „Schatz, kauf dir lieber 'nen Papagei – der lernt schneller sprechen und passt farblich viel besser zu dir."

… ist am 19. Oktober 1960 geboren und Sternzeichen Waage. Sie spielte mit Lukas schon im Sandkasten, und später saß sie mit ihm zusammen in der Schule, wo sie aus nicht ganz geklärten Gründen Kaka genannt wurde. (Was für sie ein ähnlich wunder Punkt wie Titschi für Lukas ist.) Mit acht verbrannte Coco mal einen BH. Das dürften die Wurzeln ihrer feministischen Lebenseinstellung sein. Sieht man mal von Cocos Spezialvokabular („Grüß Göttin!") und wenigen Auftritten in lila Latzhosen ab, ist sie jedoch nicht extremistisch feministisch. Allerdings ist Coco eine überzeugte Lesbe. Noch nie hat sie mit einem Mann geschlafen. Coco steht seit jeher einfach auf Frauen, und lesbisch zu sein ist für sie das Normalste der Welt. (Ihre Eltern haben da allerdings grundsätzlich etwas falsch verstanden: Sie sparten auf eine Therapie hin, als sie erfuhren, dass Coco homosexuell ist…)

Coco sieht sehr gut aus, steht auf schrille, enge Klamotten und gilt in den einschlägigen

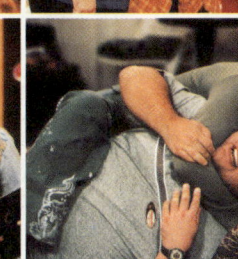

Coco: „Der Tod ist nie komisch." Lukas: „Wer hat denn beim *Weißen Hai* immer geschrien: ‚Schnell, da schwimmt noch eine'?"

Kreisen als Herzensbrecherin. Sie selbst verliebt sich zwar auch oft und gerne (man denke nur an die hysterische Gala), aber meistens bleibt es bei kurzen Affären mit mehr oder minder tragischem Ausgang. Im Grunde sehnt sich Coco aber schon nach einer festen Beziehung. Umso wichtiger sind ihr da die Lenze: Die sind für Coco wie eine Ersatzfamilie. Mit Lisa versteht sie sich prima, und auch Ludwig und Coco mögen sich gut leiden: Coco findet Ludwig „smart".

Lukas schließlich ist die einzige, feste, menschliche Konstante in Cocos Leben. Die Freundschaft mit ihm währt schon über 30 Jah-

re und ist richtig, richtig dick! Wie in jeder engen Beziehung haben aber auch Coco und Lukas so ihre Höhen und Tiefen: Zwar können sie sich wie die Kinder über die kleinsten Dinge diebisch freuen (und dann springen sie immer ganz lustig im Kreis herum), haben sich aber auch schon tausendmal (ebenfalls wie die Kinder) die Freundschaft gekündigt: „...dann bisse nich' mehr mein bester Freund!!!" Das ist natürlich nicht ernst zu nehmen – es dauert nie lange, bis die beiden sich wieder um den Hals fallen.

Coco tritt oft souverän als Mittlerin zwischen den Fronten auf. Lieber noch schlägt sie sich jedoch als Komplizin an Lukas' Seite. Kein Spaß, den die beiden sich nicht erlauben, keine Krise, aus denen die zwei sich nicht schon gegenseitig gezogen oder aber geschummelt haben. Auch Konflikte löst Coco eben gerne auf die unkonventionelle Art. Als wahre Meisterin des (zotigen) Wortspiels nimmt sie kein Blatt vor den Mund. Normen, Tabus, Traditionen oder Konventionen sind für sie dazu da, sie zu brechen. Coco ist halt extrem und lebenslustig, unvoreingenommen, offen und (fast) immer optimistisch. Da steht sie Lukas in nichts nach. Mehr noch: Oft treibt Coco ihn an, noch mehr aus sich herauszugehen. (Das hört allerdings auf, sollten beide ihr Auge auf dieselbe Frau geworfen haben!)

Bei so viel Extravaganz überrascht nicht, dass Coco auch Künstlerin ist. Sie hatte bereits diverse Foto-Ausstellungen und war für ihre Reportagen schon in aller Herren Länder unterwegs. (So zum Beispiel in Tibet, wo sie angeblich eine Erleuchtung hatte…) Weil Coco mitten im Leben steht und mit allen Wassern gewaschen wirkt (sie tut zumindest immer so), widmet sie sich auch in ihrer Kunst gerne den nackten Tatsachen. In Kassel zeigte sie eine Serie von Pornofotos, und bei einer Geschlechtsumwandlung(!) soll sie auch schon auf den Auslöser gedrückt haben. Unvergessen bleiben ohne Zweifel die Aktaufnahmen, die sie von Lukas auf einem Eisbärfell gemacht hat: Lukas' behaarter Po erregte viele Gemüter… Und Lukas war es auch, der herhalten musste, als Coco damals ihre „fashion for men" designte. Die wilde, kreative Phase scheint allerdings inzwischen hinter Coco zu liegen – oder wie soll man sich sonst erklären, dass sie heute scheinbar alle Zeit dieser Welt hat, sich ständig bei den Lenzen aufs Sofa zu fläzen?

Für neue Trends kann sich Coco aber immer noch begeistern: Sie ist leicht esoterisch ange-

Coco: „Mögen Sie Barbara Streisand, Unterwäsche von Calvin Klein, die Insel Mykonos?" Sportlehrer Gary: „Also wenn sie wissen wollen, ob ich schwul bin, dann fragen sie mich doch direkt."

haucht und verrenkte sich schon in gefährlich anmutenden Joga-Stellungen bäuchlings auf dem Küchentisch der Lenze. Zu Cocos Lieblingsbeschäftigungen zählen aber auch ganz normale wie – sagen wir mal wieder – eigenwillige Dinge: Schaukeln auf Kinderspielplätzen, Brühwürfel lutschen, Verdi-Opern hören, Gesellschaftsspiele, der Samstags-Krimi im Radio, alte Filme gucken und Rotz-wie-Wasser-dabei-heulen (Casablanca), Joggen, Rollerbladen, in der Badewanne liegen und Kakao (mit Amaretto) trinken…

Doch bei allem Faible für Firlefanz: Im Grunde ist Coco eine ganz Bodenständige. Wer sie so gut wie die Lenze kennt, weiß, dass sie sich nicht zu schade ist, das Parkett in ihrer Wohnung selbst abzuschleifen oder auch mal ein verstopftes Klo zu reparieren, auch wenn sie wie ein Christbaum geschmückt ist.

Ach ja, eine Schwester hat Coco ja auch noch: Chrissie hat in Detmold ein Miederwarengeschäft – und bringt Coco regelmäßig an den Rand des Wahnsinns, kommt sie aus welchen Gründen auch immer zu Besuch. Chrissie ist superlaut, superhysterisch und ihrer Ansicht nach superwitzig. Für Coco ist Chrissie auf alle Fälle nur einer der vielen, vielen Anlässe, zu denen sie kurzerhand zur Flasche greift. Das nämlich ist vielleicht Cocos liebstes Hobby: Keine Tageszeit, keine Laune zu der die Gute sich nicht mit Vorliebe ein Cognäcchen, ein Schnäpschen oder ein (gutes) Gläschen Wein gönnt. Da macht man sich manchmal schon Sorgen… – „aber gut!".

Völlig betrunken ließ sie sich eines Nachts statt eines guatemaltekischen Matriarchiatssymbols – das konnte sie seltsamerweise nicht mehr aussprechen – schlicht und ergreifend die Umrisse von Sylt auf eine Hinternhälfte tätowieren. Wie peinlich! Ob sie sich das jemals wieder hat wegmachen lassen, weiß man gar nicht.

Katja Bellinghausen alias Coco

Katja Bellinghausen spielt Coco, Lukas' Freundin. Und auch Katja Bellinghausen ist zweifellos eine positive Frau, die gerne lacht und das Leben frohgemut genießt. So. Und damit hat es sich dann eigentlich auch schon mit den Gemeinsamkeiten zwischen der Schauspielerin Katja Bellinghausen und der Fotografin Coco Weber. Katja Bellinghausen ist einfach ein viel ruhigerer Typ als Coco, trägt viel weniger auffällige Kleidung und ist viel heterosexueller. Hochzeit feierten die Bellinghausens auf einer österreichischen Alm, und zum Drehbeginn von LUKAS stehen in Cocos Garderobe auch Wickeltisch und Bettchen: Katja Bellinghausen

„Der jüngste Transvestit der Welt": Aaron Bellinghausen (links) mit Mama Katja vor den LUKAS-Kameras

bringt ihren damals sechs Wochen alten Sohn Aaron täglich mit ins Studio, und einige neun Monate später auch ihr zweites Kind, die kleine Rose… (Als Aaron fünf Monate ist, blinzelt er übrigens ganz in rosa – „als der jüngste Transvestit der Welt", scherzt Dirk Bach – mit seiner Mutter in die LUKAS-Kameras. Das war, als Coco plötzlich auch ein Kind wollte – ganz wichtige Folge, dazu weiter hinten noch etwas mehr.)

Um ihren Traumberuf Schauspielerin zu lernen, hat Katja Bellinghausen übrigens ganz schön was auf sich genommmen. Sie sprach nicht nur an etlichen Schulen vor, bis sie sich schließlich am Schauspielhaus in Berlin in den ersten kleinen Rollen versuchen durfte. An der Spree ließ Katja Bellinghausen sich zudem zur Fußpflegerin ausbilden! Nicht, dass sie nicht die ganze Zeit die Schauspielerei fest als Ziel vor Augen hatte. Aber weil sie damals doch erst 17 war, wollte sie ihre Eltern daheim im fernen Siebengebirge mit ihrer soliden Ausbildung in der Großstadt einfach ein bisschen beruhigen.

Nach Berlin ging's für Katja Bellinghausen dann glücklicherweise nicht pedikürend an dicken Zehen sondern schauspielernd auf großen Bühnen weiter: Sie spielte am Wallgraben Theater in Freiburg, am Stuttgarter Staatstheater, am Wiener Volkstheater und allein sechs Jahre als festes Ensemblemitglied am Bremer Theater. Sie gab (unter anderem) die *Fräulein Else* von Arthur Schnitzler, den 80-seitigen Monolog der *Molly Bloom* in James Joyces *Ulysses* und spielte in Brecht- und Goethe-Aufführungen mit. 1990 schließlich wechselte sie zum Schauspielhaus nach Köln. Dort steht sie im *Bürger Schippel* und in Kroetz' *Bauerntheater* mit Dirk Bach auf der Bühne. Der engagiert sie auch so oft wie keine andere Schauspielerin für seine *Dirk Bach Show*. Und als LUKAS anstand, war's für Dirk Bach deshalb wieder keine Frage:

80 Seiten Monolog in James Joyces *Ulysses*

49

Lukas' beste Freundin Coco sollte in seiner Sitcom die Katja machen! In den ersten beiden LUKAS-Jahren spielt Katja Bellinghausen noch parallel am Kölner Schauspielhaus (und tanzt und singt bis zum siebten Monat mit Aaron in *Anatevka*!). Eigentlich hatte sie da auch einen festen Vertrag bis ins Jahr 2000. Doch wie Hansjoachim Krietsch macht auch Katja Bellinghausen den nicht ganz einfachen Schritt und sagt dem Bühnentheater für LUKAS und Dirk Bach schließlich adé.

Das also sind die Lenze und ihre Freundin Coco Weber. Und die nun folgende Frage darf, besser muss man wirklich doppelt sehen: Was wäre LUKAS ohne Frau Hamacher? Last but not least, mit hochheiligen wie hochprozentigen Insider-Informationen aus der LUKAS-Bibel, die zwei Porträts von Frau Hamacher:

Frau Hamacher...

…ist die Nachbarin von Familie Lenz. Original Bibel-Zitat: „Sie ist eine mittelalte Frau, vom Leben gezeichnet, leicht schlampig und hat gerne leere oder volle Flaschen bei sich. Sie antwortet prinzipiell mit „Morjen!". Darauf kann und soll Frau Hamacher hier freilich nicht reduziert werden! Gut: Sich lang und breit über ihre Garderobe auszulassen, ist nicht drin. Irgendwie scheint Frau Hamacher nicht viel von ihrem Trink-Geld übrig zu behalten. Zumindest sieht man sie ausschließlich in ihrem dreiviertellangen, altrosa Mantel, mit hautfarbenen Perlonsöckchen in abgelatschten Schuhen durch den Hausflur schlurfen. Nur einmal, da ist sie ganz in bunt: Frau Hamacher mischt im Kölner Karneval mit, und zieht – passend – als zotteliger Lumpenclown in die tollen Tage…

Ludwig: „Frau Hamacher hat einen Rohrbruch."
Lukas: „Aha. Dann ist ihre Wohnung jetzt wahrscheinlich die größte Weinschorle der Welt."

Da sich Frau Hamacher erst nach der Basisarbeit des LUKAS-Autorenteams regelmäßig in die Drehbücher einschleichen sollte, kann man über ihr wahres Wesen, ihr Leben und ihr Schicksal nur mutmaßen. Jemand will einmal erfahren haben, dass Frau Hamacher nicht mehr richtig hochgekommen ist, seit sie damals ihrem Wellensittich versehentlich einen Korn in das Trinkgefäß gekippt und der das natürlich nicht überlebt hat. Nun, man weiß es nicht… Fest steht nur: Frau Hamacher gehört nicht zu den anonymen Alkoholikern. Man sieht sie in LUKAS ständig Bierkästen und Schnapsflaschen die Treppen hochschleppen, und wenn's ganz hart kommt, führt sich Frau Hamacher ihr liebstes Gesöff – Eierlikör – auch intravenös ein…

Frau Hamacher ist wirklich äußerst wortkarg. Immerhin sagt sie die Tageszeit, auch wenn die meistens nicht stimmt. Ganz selten kommt ihr etwas anderes als ein „Morjen…" über die Lippen. Einmal aber stand Frau Hamacher aus hier nicht weiter zu klärenden Gründen fast nackt neben Lukas auf dem Balkon, riss exhibitionistisch ihren rosa Mantel auf und brüllte aus vollem Herzen ganze fünf Worte hintereinander: „Ich – bin – noch – zu – haben..!" Nur daher weiß man: Frau Hamacher ist Single. (Was Lukas schon öfter schamlos ausgenutzt hat: Einmal knutscht er sie wild im Treppenhaus und führt die arme Frau tatsächlich als „seine kleine Cognac-Kirsche" vor!)

Überhaupt macht Frau Hamacher mit den Lenzen im Haus einiges mit! Trotzdem nimmt sie's mit der Nachbarschaftshilfe genau: Mit Ludwig mauerte sie schon einen Anti-Margot-Wall im Aufgang zu dessen Wohnung und damals, als Lukas durchs gesamte Haus brüllte: „Wer's noch nicht weiß: Ich habe letzte Nacht keinen hochgekriegt!!!", da war Frau Hamacher ebenfalls gleich zur Stelle. Sie drückte dem verdutzten Lukas eine dicke, potenzfördernde(?) Knolle Sellerie in die Hand – wortlos.

Uli Hamacher alias Frau Hamacher

Hier macht man was mit!
Uli Hamacher im Kölsch-Fass

Ulrike Margarethe Elisabeth Hamacher ist die Frau Hamacher in LUKAS und auch die Frau Hamacher – besser: die Uli – für LUKAS. Da ist sie nämlich die Redaktionsassistentin. Und Frau Hamacher ehrt es, wenn das komplette LUKAS-Team hoffnungsgrüne T-Shirts mit der aufmunternden Parole „Frau Hamacher nach Hollywood!!" trägt. Aber da will sie gar nicht hin! Mit dem Schauspielern hat Uli Hamacher im Grunde nichts am Hut. Wie viele der LUKASse sollte sie in irgendeiner Folge einmal als Komparsin einspringen und schlich als Lenz-Nachbarin durchs Treppenhaus. Und dann wieder und wieder – und so und nicht anders ist's gekommen, dass Frau Hamacher heute der Runninggag in LUKAS ist!

Vor ihren Einsätzen stirbt Uli Hamacher dabei jedes Mal 1000 Tode… Trotz ihres eher überschaubaren Textes haben die ihr aber auch schon einiges abverlangt: Einmal setzte man ihr die fette Ratte Frau Dr. Posauke auf die Schulter, ein anderes Mal ließ man sie zu Cocos 39. Geburtstag in einer Art Flaschenzug engelsgleich bäuchlings von der Decke schweben. „Bloß nicht runterfallen, bloß nicht runterfallen…", betete Uli Hamacher.

Was man mal so alles mit ihr anstellen würde, hat sie sich nicht träumen lassen, als sie noch als Mitinhaberin einer Firma Akten wälzte. 1988 krempelte sie jedoch ihr Leben um und landete beim Fernsehen. Mit dem Produktionsleiter von LUKAS, Georg Bonhoeffer, arbeitete sie als Assistentin zunächst bei den Hurra Deutschland-Puppen (auch eine Pro-Produktion), heute sitzt sie im LUKAS-Re-daktionsbüro gleich neben Dirk Bach. (Da ist Uli Hamacher übrigens mit dafür verantwort-lich, dass alle Autogrammwünsche der LU-KAS-Fans erfüllt werden.)

Dass die schlamperte Frau Hamacher in LUKAS ihren Namen nicht gerade in Ehren trägt, damit hat Uli Hamacher kein Problem. Ganz anders ihr werter, alter Herr Vater. Als der sie erstmals im ZDF entdeckt hatte, mahn-te er entrüstet: „Wie schlurfst du denn da im-mer rum?", „Das geht aber nicht…!" und „Halt dich doch wenigstens mal gerade!" Und dann die bange Frage: „Sag mal, trinkst du…?!" Auch wenn sich Uli Hamachers Vater inzwi-schen wieder beruhigt hat, hier die Antwort: Das Motto der Redaktionsassistentin Frau Ha-macher lautet natürlich: „Alles in Maßen" – aber eines auf keinen Fall: Eierlikör!

„Bloß nicht runter-fallen…" – Engels-gleich schwebte Uli Hamacher anlässlich Cocos 39. Geburtstag als Frau Hamacher ins Treppenhaus

„Frau Hamacher nach Hollywood!"

LUKAS-Studio, Hürth-Efferen

Die LUKASse machen sich startklar

F rühsommer 1995: Wer Lukas, Ludwig, Lisa und Coco sind, ist nun klar, wer sie mit Dirk Bach vor die Fernsehkameras bringen soll, ist klar, dass die Pro produziert, das ZDF präsentiert – alles ist jetzt klar. LUKAS kann loslegen!

„Das ZDF präsentiert: Dirk Bach in LUKAS!"

Und zwar vor den Toren Kölns, in Hürth, Ortsteil Efferen, wo Anfang der Neunziger auf der grünen Wiese Europas größtes Zentrum für TV-Produktionen entstanden ist. Die niederländische Produktionsfirma mit dem einprägsamen Namen „Nederlands Omroepproduktie Bedrijf" – also besser kurz NOB – hat da unter anderem aus einer ehemaligen Fabrik das LUKAS-Studio geklöppelt. Der technische Leiter bei LUKAS, Jürgen Hiob, weiß es genau: In nur vier Monaten ist aus der Dreherei das 1280 Quadratmeter große Studio 5 geworden, inclusive diverser, kleiner Büros, Garderoben und Besprechungszimmern, Foyer, Bar und Zuschauertribüne, verkabelt auf einer Länge von über 50 Kilometern, ausgestattet mit über 200 Scheinwerfern und – je nach Bedarf – mit dem modernsten Schnickschnack. Und hier, an der Kalscheurener Straße 89, hängt jetzt die schwarz-pinke Leuchtreklame „Das ZDF präsentiert: Dirk Bach in LUKAS!". Hier können die LUKAS-Bilder laufen lernen.

Eine Wohnung für die Lenze!

Stopp! Bis es so weit ist, muss im LUKAS-Studio ja erst einmal eine Wohnung für die Lenze gebaut und eingerichtet werden! Die Szenenbildnerin Heidi Lüdi setzt sich in München an den Schreibtisch und macht sich über Lukas und die Altbau-WG in Köln-Nippes Gedanken. Und das LUKAS-Team durfte mal wieder Erstklassiges erwarten. Mit Heidi Lüdi hat Dirk Bach eine Frau aus der allerersten Riege der deutschen Szenenbildner für LUKAS gewinnen können. Sie entwarf schon für Wim Wenders *Himmel über Berlin* und Dieter Wedels *Schattenmann* die Szenerien. Ihr ehemaliger Assistent Roland Wimmer spitzt derweil in Köln den Bleistift. Roland Wimmer ist der Filmarchitekt bei LUKAS und damit für das Set zuständig, also für den Bau, das Aussehen

Beim Blick ins LUKAS-Studio fliegt's auf: Die Lenze haben gar keine eigenen vier Wände!

und die Ausstattung der vielen Wände, in denen die Sitcom gedreht werden soll. Roland Wimmer setzt jetzt erstmal in Bauzeichnungen um, was die „Lüdi-Heidi" sich alles ausgedacht hat. Und bald legen unter seiner Aufsicht die Bühnenbauer in ihren Werkstätten neben dem LUKAS-Studio los:

Sie messen, sägen, schneiden, bohren, feilen, hämmern. Sie tapezieren, streichen – und sie patinieren. Was nichts anderes heißt, als dass sie aus Neuem schön was Gebrauchtes machen. Oder anders gesagt: frisch Gestrichenes zum Beispiel gleich wieder derart einsauen, dass man so für sich denkt, dass da aber auch mal wieder gestrichen werden könnte! Und das nicht etwa, weil die Lenze schlönzig sind. Der Zauber nennt sich vielmehr Patina und verbindet alle, die im LUKAS-Team Hand anlegen, wie eine Beschwörungsformel. Wenn es das Drehbuch nicht fordert, soll bei LUKAS nichts nigelnagelneu aussehen, stattdessen: wie aus dem wahren Leben (ab-)gegriffen.

Als drei Monate später, im Sommer 1995, die verwinkelten Wände des Lüdi-LUKAS-Sets stehen – mit Treppenhaus, Wohnzimmer (mit Erker), Küche (mit Kabuff), Lukas' und Lisas Zimmer und dem kleinen, heimeligen, blauen Bad – ist darum vieles hübsch verblichen oder vergilbt, hier ein bisschen verschrammt, da ein wenig vermackt. Eben total normal, wie in echt! Naja, nicht ganz. Neben vielem, was in diesem

Filmarchitekt Roland Wimmer (Mitte) mit seinen Bühnenbauern Christoph Pörschke (li) und Enno Berk (re) und den Requisiteurinnen Sandra Münchenbach, Anne Schiek und Biene Glöckner (v.l.n.r.)

Set wirklich tausendprozentig stimmt, gibt's doch manches, was nur täuschend echt ist:

Zum Beispiel haben die Lenze in der Studiowirklichkeit gar keine eigenen vier Wände! Das LUKAS-Set ist u-förmig, heißt: vorne offen – für die vier Kameras, die alles aufzeichnen sollen, dabei allerdings nie auch nur eine Handbreit in die Wohnung der Lenze hineinfahren werden, und für das Publikum, das allem wie im Theater zusehen wird. Außerdem läuft bei Lukas im Bad zwar das Wasser (muss ja: Lukas duscht ja gerne mal – auch mit Klamotten), aber die Klospülung funktioniert nicht! Die Stereoanlage im Wohnzimmer spielt tatsächlich Musik (Squaredance für Ludwig, I like to move it… move it! für Lukas' und Cocos Aerobic-Test…) – dafür ist der große Kühlschrank von Anfang an kaputt. Alles Lüge also, als Lukas damals mit einem Ice-Face frostig aus dem Gefrierfach guckte! Da musste mit Gel, Puder, Kunsteis und Sprühschnee ganz schön getrickst werden!

Und auch wenn die, die es wissen müssen, gerne betonen, dass es ja total wichtig ist, dass bei LUKAS niemand gleich hinter der Ein-

Ganz schöne Trickserei: Lukas fröstelt im Gefrierfach

gangstüre mitten im Saal steht und über ein Sofa stolpert, dass die Wohnung der Lenze stattdessen allein durch die schöne Diele richtig deutsch ist, so werden genau an dieser Stelle weitere Illusionen zerstört. Denn: Ludwig mag weiß der Himmel wo wohnen, aber sicher nicht über Lukas und Lisa! Zumindest enden die acht Stufen, die von dieser schönen Diele aus angeblich in Ludwigs Reich führen, im Studio jäh vor einem kahlen Betonpfeiler! Und wo Frau Hamacher immer herkommt oder hinschlurft, liegt ebenfalls im Dunkeln: Auch die zehn Flurtreppen enden im Nirgendwo. (Wem der onanierende Gartenzwerg da hinter dem gusseisernen Fenstergitter gehört, will übrigens auch keiner wissen…)

Bohren, tapezieren, streichen, patinieren: Bühnenbauer bei der Arbeit

Typisch LUKAS: Ein einziges klischeeloses Kuddelmuddel!

Was bei den Lenzen in Nippes so alles an Nippes in der Wohnung rumstehen sollte (und das ist ja nicht wenig), auch davon geht viel auf Heidi Lüdi zurück. Und die soll den so genannten Außenrequisiteur von LUKAS ganz schön in Atem halten! Markus Schaffrath hat für etliche TV-Spiele wie für internationale, hochkarätig besetzte Filmproduktionen schon die abstrusesten Dinge herangeschafft. Doch die Wunschliste, die Heidi Lüdi ihm jetzt – sechs Wochen vor Drehbeginn – in Hürth in die Hand drückt, erstaunt Markus Schaffrath doch sehr.

Schuhspanner aus den vierziger Jahren? Künstliches Kaminfeuer? Alt-englisches, ovales, unbedingt hochglanz-lackiertes Schachbrett-Tischchen? Und dazu ein fettes, weißes Michelin-Männchen aus Plastik?! Da geht ja nichts zusammen – und soll auch nicht: Denn der wilde Stilmix aus Altem, Neuem, Schrillem, Klassischem und Exotischem, genau dieses klischeelose Kuddelmuddel ist Heidi Lüdis Konzept. Und das passt ja auch prima zu LUKAS! Doch die Szenenbildnerin denkt eher (optimistisch!) voraus und möchte, dass man so im Set noch in der 42. Folge etwas entdecken kann, was man da vorher ja noch nie gesehen hat! Markus Schaffrath macht sich ans Werk…

…und fragt sich mehrfach, wie wörtlich er die Lüdi-Liste nehmen soll? Gleichzeitig packt ihn der Ehrgeiz, der Münchner Meisterin alle Wünsche zu erfüllen. Markus Schaffrath blättert durch seine Visitenkartensammlung, telefoniert und recherchiert was das Zeug hält! Manches findet er einfach um die Ecke, einiges erst im Ausland: Er fährt nach Belgien und entdeckt die Kloxxxxfrau-Leuchtreklame für die Küche auf einem Flohmarkt. Und in Paris beim Antiquitätenhändler so manch anderes passende Stück.

Das Michelinmännchen! Stammplatz: Auf dem Kühlschrank

„Sowas wollen wir auch haben!"

Heidi Lüdi hat sich eben nicht einfach so einen wahrlich ausgezeichneten Namen in der Kino- und TV-Branche gemacht. Sie verlangt viel und fordert die LUKAS-Ausstatter weiter: Dirk Bach bummelt mit der Münchnerin durchs Set, bespricht dies und das, und Markus

Schaffrath flattern 30 neue Ideen auf den Tisch. Frei nach dem Motto „Sowas wollen wir auch haben!" klebt Heidi Lüdi jetzt Fotos in den Grundriss der Sitcom-Wohnung oder beschreibt Möbel, die sie irgendwo gesehen hat. Weil das Ledersofa der Lenze dennoch nirgendwo zu finden ist, verrät sie schließlich, dass ein solches genau bei ihrer Freundin Lisa Kreuzer steht… Die gibt das gute Stück auch für LUKAS her, zunächst allerdings nur geliehen. Nach drei Jahren fragen die LUKASse nochmal nach – und die nette Frau rückt ihre Couch (Coco dankt's!) nun ganz raus. Von dem Geld dafür hat sich Lisa Kreuzer übrigens ein neues Sitzmöbel gekauft und es auf „Lukas" getauft – und das findet Dirk Bach wirklich sehr süß!

An einem Kölner Altbau gefällt der Szenenbildnerin eine stilisierte Schildkröte in einem Buntglasfenster – und diesmal ist Roland Wimmer auf den Plan gerufen. Wer genau hinschaut, sieht die nachgemachte Kröte heute in der Küche über der Spüle im Fensterglas hocken. Und weil auch Steingutfliesen aus der Gründerzeit überall unter Denkmalschutz stehen, muss der Filmarchitekt erneut improvisieren: Ein Original-Fliesentraum wird kurzerhand abfotografiert, im Offset-Verfahren auf Klebefolie gedruckt, und auf dem Küchenboden von Lukas sieht's (un-)wirklich aus wie anno dazumal…

Shoppen für LUKAS in Asien

Zur absoluten Krönung gestaltet sich jetzt aber so langsam die Sache mit dem Buddha… Natürlich sollte das nicht ein typischer im Lotusblütensitz sein! Für die etwas andere LUKAS-Familie musste möglichst schon der etwas andere Buddha her: aufrecht stehend, mit erhobenen Armen – und dickem Bauch… Markus Schaffrath inspiziert Auktionshäuser, krempelt China-Läden um, rennt durch Nippes(!). Nichts. Dann fragt er bundesweit bei Asien-Importeuren an. Da findet er nur einen 1.20 Meter statt 40 Zentimeter kleinen Erleuchteten – und der würde Lukas auf einer Anrichte doch sehr über den Kopf wachsen… Also weiter. Produktionsleiter und LUKAS-Kassenwart Georg Bonhoeffer stehen erste Schweißperlen auf der Stirn: Was redet der Außenrequisiteur da plötzlich von einem Flug nach Hongkong?! Doch Markus Schaffrath

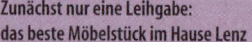

LUKAS-Nippes: Ein Spezial-Buddha, der extra für LUKAS von Übersee eingeflogen wurde, ein selbstverliebter Gartenzwerg und ein noch sehr junger, bekannter Schauspieler…

Zunächst nur eine Leihgabe: das beste Möbelstück im Hause Lenz

will nicht selbst losdüsen. Über sieben Ecken gelangt er an eine Stewardess, die nach Asien muss. Ob sie nicht für eine tolle, neue, deutsche Sitcom kurz shoppen gehen könnte…? Sie kann – und der Spezial-Buddha für LUKAS fliegt von Übersee ein.

Alter Schwede!
Wer hätte sowas gedacht!

Doch LUKAS – das wird schon jetzt sonnenklar – das kann man getrost auch mit purem Perfektionsstreben übersetzen. Oder mit dem Faible fürs Detail – im Detail. Denn über die Lüdi-Specials hinaus wird das Zuhause von Lukas, Lisa und Ludwig (natürlich sind da zwei Lenz-Schilder an der Türe) jetzt und an vielen folgenden Drehtagen noch mit i-Tüpfelchen nur so gesprenkelt – wie der Kölner Alter Markt im Karneval mit Konfetti. Und zwar immer LUKAS-logisch verspielt, kontrastreich, schräg, bis hin zu total durchgeknallt. Da hängt, klebt und liegt allein Flora, die fliederfarbene Fledermaus, wirklich in allen Ecken. Als Schreibtischunterlage oder Fußabtreter, und weil die dafür mitverantwortliche Innenrequisiteurin Sandra Mün-

chenbach gerne bastelt, sogar als Flora-Fimo-Figur am Bonsai-Bäumchen. (Die Innenrequisiteurin ist übrigens diejenige, die nie raus zum Einkaufen muss, stattdessen immer am Set rumräumt – aber dazu später mehr.) Und ob man's glauben will oder nicht: In Lukas' Videosammlung finden sich neben *9 1/2 Knochen – die blutigen Fantasien des R.W.* und *Alpenglühen am Wolfgangsee* tatsächlich Cassettenhüllen wie *Flora auf der Suche nach Kleopatras Rasierapparat im Kölner Dom* und *Flora Fledermaus: Roy Blacks Geist spricht nicht mit Fledermäusen!* Und eigentlich überrascht es, dass die LUKASse nicht so weit gehen und schnell noch die entsprechenden Videos drehen!

Bastelt gerne: Innenrequisiteurin Sandra Münchenbach

Aber Fotos, die schießen sie! Die üblichen Familienbildchen sollen ja auch nicht fehlen. Mit Sandra als Model für Lukas' gestorbene Frau Marie und Andreas Lichters Tochter Laura als der ganz kleinen Lisa werden Urlaubsschnappschüsse fürs Regal geschummelt. Überhaupt verschwimmt bei LUKAS oft die Grenze zwischen Privatem und Beruflichem: Das große, lilafarbene Gemälde in der Diele zum Beispiel ist ein *echter Alfred Lichter*. Das ist der Vater von Andreas Lichter. Der lebt auf Mallorca, malt da seine Bilder, von denen er ein paar für LUKAS rausrückt.

Jetzt kann's aber wirklich bald losgehen…

Die Ausstatter schieben in dieser heißen Phase vor Drehbeginn noch ein paar 16-Stunden-Tage ein, basteln mit viel Mühe zum Beispiel noch die LUKAS-Schneekugel, und die LUKAS-Redaktion schleppt Computer und Kisten von der Pro in Köln in das Studio am Stadtrand. Da hocken sich Dirk Bach, Bernd Holzmüller und die Assistenten Uli Hamacher und Uve Lammers übrigens ganz schön auf der Pelle! Doch das geht den anderen Departements nicht anders: Alle müssen in LUKAS-Land zusammenrücken. Nur gut, dass sich die meisten schon seit Jahren kennen! Viele im LUKAS-Team haben schon mal nett miteinander oder mit Dirk Bach gearbeitet. Oder sie sind privat seit Urzeiten befreundet. Oder alles zusammen…

Ein Fantasia-Land: die LUKAS-Kostümabteilung

Zum Beispiel Anne Lenz (! – nicht verwandt, nicht verschwägert) und Alex(ander) Bleicher. Die beiden Kostümbildner lernten sich 1990 beim Dreh zu einem witzigen Werbespot für würzigen Harzer Handkäs kennen und tummeln sich seit Jahren in der Branche: Alex

Worunter bitte ordnet man *Flora Fledermaus: Roy Blacks Geist spricht nicht mit Fledermäusen* ein?!

Bleicher arbeitete schon für die Designerin Karen Pfleger, Anne Lenz bei Fernsehserien wie *Hilferufe*, *Lindenstraße*, *Alles Nichts Oder* und am Theater (Comedia Colonia). Ja, und bei der *Dirk Bach Show* waren beide dabei. Bevor das Duo Lenz-Bleicher jetzt gemeinsam ins LUKAS-Studio zieht, hatte es ordentlich Basis-

Coco knatschig – was sicher nicht an dem *echten Alfred Lichter* hinter ihr liegt

Die LUKAS-Redaktion: Uve Lammers, Bernd Holzmüller, Uli Hamacher

nen – vom Kaufhaus bis in die Edelboutique. Darüber hinaus sollte die LUKAS-Kostümabteilung wie die Lüdi-Lenz-Wohnung bald zum reinsten Fantasia-Land werden! Die LUKAS-Autoren geben Anne Lenz und Alex Bleicher ja genügend Gelegenheit, abgedrehte Comedy-Kollektionen zu kreieren.

Auch die richten übrigens jetzt in Hürth ein eigenes Büro ein – und das ist ganz wichtig! LUKAS-Chef-Schreiberin Marie Reiners und Helmut Seliger, zunächst auch Angelika Bartram, später Kelly Hopkins, werden nämlich hier vor Ort, im Studio, am Set, quasi bei den Lenzen am Wohnzimmertisch, noch an den einzelnen LUKAS-Folgen schreiben, feilen und verbessern. Das ist einmal mehr etwas, was man sich bei den US-Profis abgeschaut hat – und LUKAS wird die erste Sitcom Deutschlands sein, für die zeitweise gleich drei dieser so genannten Set-Autoren arbeiten! Mit in ihrem Gepäck haben die Autoren jetzt natürlich auch die ersten Drehbücher, die Sitcom-Profi Jürgen Wolff erst einmal (nach den Ideen der Kölner) geschrieben hat. Bevor die LUKAS-Autoren bald selbst erfolgreich ihre Geschichten formulieren sollten, haben sie – mit Dirk Bach – erst einmal Wolff-Stories wie *Der Kritiker*, *Das Kopftuch* oder *Das Horrorvideo* ins Deutsche übersetzt – und dabei auch Dirk Bach alias Lukas noch einen Tick mehr auf den Leib geschrieben…

Die Suche nach dem Regisseur

Fehlt eigentlich nur noch der Mann, der das Ganze in dem nun fertigen, schönen LUKAS-Set auch in schöne Fernsehbilder umsetzen kann! Bernd Holzmüller schaut sich in der Branche um. Bevor Holzi übrigens Redakteur bei Dirk Bach wurde, hat er mit ihm in der Prometheus-Aufführung Theater gespielt, war Assistent von Walter Bockmeyer, dann mit Andreas Lichter verantwortlicher Mitternachts-

arbeit zu leisten: Schließlich wollten Lukas' Wohlfühl-Freizeit-Klamotten inclusive Lieblings-Leder-Ausgeh-Hose, Ludwigs Anzüge und Schürzen (heute schon über 30!), Lisas Bauchnabelfrei-T-Shirts und Cocos viele Fummel ja erstmal gefunden werden! Da mussten Anne Lenz und Alex Bleicher ganz schön ren-

spitzen-Mann. Für LUKAS besetzt Bernd Holzmüller auch die Gastrollen. Aber jetzt, jetzt muss ja erst einmal ein guter Regisseur gefunden werden…

Bernd Holzmüller fährt zum Dreh der Sitcom Corinna. Und da sieht er Richard Huber. Vor allem wie der Co-Autor und Regisseur die Schauspieler führt, beeindruckt Bernd Holzmüller sehr. Das ist klasse, das ist typisch amerikanisch! Und das hat natürlich seinen Grund: Richard Huber hat nicht nur in Bonn und an der Sorbonne studiert. Er hat nicht nur für das ARD-Studio in Paris gearbeitet. (Da wurde Richard Huber 1959 geboren, und da lebt er heute mit seiner Partnerin.) Er hat nicht nur ein Buch über deutsche TV-Geschichte geschrieben, diverse Werbespots (Reebook, NIVEA) für große Agenturen konzipiert, einen Film über Nina Hagen gemacht, als erster Regie-

assistent bei dem Kinostreifen *Das Salz auf unserer Haut* mitgemischt und für *Schtonk* von Helmut Dietl für die Spezialeffekte gesorgt… Nein: Richard Huber ging 1991 auch zu Columbia TriStar in die USA und lernte dort das Sitcom-Know-How. (Und es passt mit Blick auf die Lenze prima, dass er ausgerechnet auch bei der Super-Serie *Married with children* war – zu Deutsch: *Eine schrecklich nette Familie…*)

Dreamteam Bach-Huber
Doch auch wenn die Paarung „Richard Huber für Dirk Bach in LUKAS" gleich nach Dreamteam riecht – als sich die zwei wenig später in einer puddeligen Cafeteria erstmals gegenübersitzen, sind sie zunächst ganz schön unsicher… Die Krux ist, dass ein Hauptdarsteller, der gleichzeitig Mit-Produzent und Mit-Autor

Starker Autor-Hauptdarsteller-Produzent, starker Regisseur… – starkes Team!

ist, wohl zwangsläufig ziemlich präzise Vorstellungen von seiner Sache – und eine verdammt starke Position – hat. Gerade ein Regisseur muss sich da fragen, welcher Spielraum noch für die eigene Arbeit und Handschrift bleibt… Doch um es vorweg zu nehmen: Richard Huber unterschreibt den Vertrag und führt in 54 LUKAS-Folgen die Regie. Er wird schon bald als absoluter Glücksfall und eines der vielen LUKAS-Erfolgsgeheimnisse gelten. Und Dirk Bach sagt sogar, „dass es in diesem Land niemanden gibt, der es so gut kann wie er".

„TEAMARBEIT wird hier groß geschrieben!"

Die Cooperation Bach-Huber klappt zum einen so prima, weil (auch) die beiden bestens miteinander können. Da stimmt einfach die Chemie. Das allein freilich reicht nicht. Funktionieren kann das Ganze nur, weil die LUKAS-Maxime dann doch das gemeinsame Streben nach dem möglichst Allerbesten ist. Denn auch wenn sich bei LUKAS alles um und nichts ohne Dirk Bach dreht – alleine kann der das ja nicht auf die Beine stellen. Und darum heißt es im NOB-Studio 5 immer und immer wieder: „TEAMARBEIT wird hier groß geschrieben!" Und nur deshalb konnte Lukas Lenz im deutschen Fernsehen bald auch so richtig dick rauskommen…

Spielte mit Dirk Bach auch schon Theater: Redakteur Bernd Holzmüller

Die LUKAS-Modeschöpfer: Kostümbildner Anne Lenz und Alex Bleicher

Lernte sein Sitcom-Know-How in den USA: Regisseur Richard Huber

Sonntag, 3. März 1996, 21.45 Uhr, ZDF-Programm: Ein älterer Herr mit Schürze und Krawatte porkelt mit einem Schraubenzieher in einem Gefrierfach rum und findet Hackfleisch mit einem Haltbarkeitsdatum angeblich in Keilschrift. Ein kleiner, runder Mann träumt in einem himmelblauen Rüschenhemd vom großen Auftritt als Cyrano de Bergérac – wird aber als „Transvestit auf dem Weg zum Weight Watchers Treffen" beschimpft. Ein pubertäres Mädchen knöttert rum, und eine divagleiche Frau thront in königsblauem Kostüm auf einer Couch… – willkommen bei LUKAS!

Die ersten LUKAS-Folgen: *Der Kritiker* …

LUKAS lernt laufen

Besser: sprintet davon…

… Das Kopftuch

D *er Kritiker* ist die allererste Folge, die von LUKAS im deutschen Fernsehen über den Bildschirm geht. Und in Köln bei der Pro wie in Mainz beim ZDF gibt's gleich Grund genug, die Schampuskorken unter die Bürodecken zu pfeffern: Über fünf Millionen haben Dirk Bach, Hansjoachim Krietsch, Katja Bellinghausen und Maria de Bragança auf Anhieb zugeschaut. Das klingt noch besser, wenn man's mit dem so genannten Marktanteil ausdrückt: Da waren's fast 20 Prozent! Was ZDF-Unterhaltungschef Axel Beyer und sein Redaktionsleiter Horst-Christian Tadey dabei besonders freut, ist, dass gut die Hälfte gerade mal zwischen 14 und 49 Jahre jung waren. Genau darauf hatten sie ja spekuliert! Aber intern, in ihrer Sendeanstalt, hält sich zunächst hartnäckig die Skepsis. Das Telefon bleibt stumm, weil die Damen und Herren Kollegen dem munteren Duo Beyer/Tadey gegenüber erst einmal vornehm und abwartend die Zurückhaltung wahren…

Erste Pressestimmen

Ganz anders natürlich die Presse. Die stürzt sich nur so auf die erste LUKAS-Folge. Schließlich hatte es einige Vorschusslorbeeren gegeben, und die Spannung war groß, wie witzig die Sitcom des Dirk-Bach-Show-Man denn nun wirklich ist. Nach der ersten Folge gibt's kaum eine deutsche Tageszeitung, die nichts über LUKAS bringt. Doch da fallen nicht nur lobende Worte.

Die ersten Proben: Regisseur Richard Huber gibt anschauliche Tipps

„So wird das nix mit Comedy!"

Die *Süddeutsche Zeitung* schreibt 60 Zeilen über einen „Traurigen Clown", „holzhammer-humorige Dialoge" und einen Dirk Bach, „der da kaum noch etwas retten konnte": Von dessem „anarchischen Witz" sei ja wohl nicht viel übrig geblieben… Unter dem Jahrmarkt-Motto „Hau den Lukas!" jammert auch die *Mainzer-Rhein-Zeitung* „So wird das nix mit Comedy!". Das Ganze sei „ungeniert gequirlter Quark" mit „müdem Wortgeplänkel" und mal wieder höre beim ZDF der Spaß doch auf… Der *Kölner Express* hatte „blasse Schauspieler" und „Pointen aus der Mottenkiste" erlebt und ist enttäuscht, weil „eine Pappnase allein nicht komisch ist, auch wenn Dirk Bach sie aufsetzt". Und die

Nürnberger Nachrichten befürchten gleich das Allerschlimmste: Die Drehbuchschreiber seien ja wohl „der Bütt" entstiegen, und weil man erst den Auftakt der Serie gesehen habe, bangt der Kritiker: „Soll denn der Kölsche Karneval gnadenlos verlängert werden…?!"

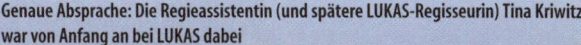

Genaue Absprache: Die Regieassistentin (und spätere LUKAS-Regisseurin) Tina Kriwitz war von Anfang an bei LUKAS dabei

Lukas im Himmel

Eine geballte Ladung Direktheit und Wortwitz

Da kann selbst beim ZDF niemand meckern: Was da von dieser Pro GmbH in Köln eingekauft wurde, das sei und tue dem Sender ja wirklich gut! Solch eine geballte Ladung Direktheit und Wortwitz – das habe es aus dem eigenen Haus ja noch nie gegeben!

Auch Dirk Bach ist erleichtert. Seine LUKAS-Lokomotive ist in Fahrt gekommen. Im Spätsommer kann er mit seinen Leuten direkt wieder ins Studio ziehen und gleich die nächsten 13 Folgen aufzeichnen. Bevor die ab Januar 1997 im ZDF laufen, macht das LUKAS-Team aber nochmal Schlagzeilen: Beim Grimme-Preis bleibt's nur bei einer Nominierung, aber im November 1996 werden die Mühen aller LUKASse bis dahin belohnt:

Ganz anders ausgerechnet die ehrwürdige *Frankfurter Allgemeine*! Die FAZ freut sich über 100 Zeilen, dass „Deutschland längst nicht mehr nur zur Fassenacht lachen kann!" Endlich habe sich das ZDF in Sachen Humor „auf deutsche Wertarbeit" besinnt und bei LUKAS könnten fortan die Lachmuskeln trainiert werden! Auch der *Berliner Tagesspiegel* preist die „schnurrende Mechanik" der „perfekt" an US-Vorbilder angelehnten Sitcom, lobt Richard Huber wie Dirk Bach als „Idealbesetzung". Und die *Bremer Nachrichten* schließlich sagen gleich voraus, dass dem ach so schrecklich netten Familienvater Al Bundy nun das Lachen vergehen könnte – angesichts seiner deutschen Konkurrenz Lukas Lenz!

November 1996: LUKAS gewinnt den *Telestar* – und Dirk Bach freut sich über seinen allerersten TV-Preis ganz riesig!

Der Telestar für LUKAS

Dirk Bach bekommt für die Rolle des Lukas speziell in Das Horrorvideo den Telestar! Dirk Bach hüpft bei der Preisvergabe aufgedreht über die Bühne und freut sich ganz riesig („Letztes Jahr habe ich den Kölsch-Preis gekriegt, jetzt habe ich auch einen Flaschenöffner!!") – und alle freuen sich auch riesig über den grellbunten Dirk Bach, weil der da doch einen Schlaf-Anzug an hat, oder?! (Natürlich nicht.) Dirk Bach ist nicht nur deshalb so überglücklich, weil dies sein allererster TV-Preis überhaupt ist (und er angeblich schon bitter geweint hatte, weil er glaubte, man habe ihn vergessen…) Der Telestar ist ihm auch die wichtigste Ehrung ihrer Art, „weil in der Jury ja nur Leute vom Fach sind und die nun mal honoriert haben, was wir da eigentlich tun."

„Deutschlands beste Sitcom"

Aufmerksamkeit und Anerkennung gibt's jetzt freilich von ganz vielen Seiten. Ob Frauenzeitschrift oder Männer Vogue, Yellow-Press-Blättchen oder Stadt-Illustrierte: LUKAS ist auf Grund der stabilen Einschaltquote von rund fünf Millionen nicht nur für den *Focus*

Das Horrorvideo

„Deutschlands beste Sitcom". Doch auch wenn die Pro-Serie in so hohen Tönen beschrieben wird – eins wird nicht zuletzt durch die Medien immer wieder klar:

LUKAS und Dirk Bach polarisieren. Das heißt: Entweder man mag's, oder man mag's halt nicht. Doch egal, ob man sich zur großen Fangemeinde zählt: Was das LUKAS-Team Drehwoche für Drehwoche wieder so alles anstellt, um die Geschichten um die Lenze im ZDF bestmöglich auf den TV-Bildschirm zu bringen, dazu bleibt wohl nur zu sagen: Alle Achtung! Denn das, das ist der helle Wahnsinn – oder wie immer man es nennen soll, was sich da hinter den Kulissen abspielt.

Das Horrorvideo

„Ich habe immer das Gefühl, dass so eine Produktionswoche in Anstrichen passiert: Man hat eine erste Farbschicht, es wird geschliffen. Es kommt die zweite Farbschicht, es wird geschliffen. Es kommt eine dritte, dann eine erste Lackschicht, und man poliert. Ein zweiter Lack wird poliert – und am Freitagabend hoffentlich glänzt dann alles." (Regisseur Richard Huber)

„In fünf, viiier, drei, zwei…"

Die Drehwoche im LUKAS-Studio

Montag
Was würde Lukas wohl dazu sagen?

Die Woche beginnt für einige früh: Es ist gerade mal acht Uhr. Andreas Lichter ist von Köln nach Hürth raus gekommen. Mit Dirk Bach als einem Teilhaber der Pro-duktionsfirma gibt's etliches zu besprechen, das nicht mit LUKAS zu tun hat. Deshalb ist der Montag auch jour fixe – heißt: Arbeitsfrüh-stück in der Redaktion.

Ein Stündchen später. Großes Hallo und Stühlerücken im Autorenzimmer: Thomas Her-

manns ist da, gerade eben aus Hamburg ein-geflogen. Der Quatsch-Comedy-Club-ber ist seit der dritten Staffel Montags-Autor von LUKAS, was einfach heißt: Er kommt nur montags nach Hürth. Thomas Hermanns ist Regisseur, Initiator und Moderator und in der Welt des (Trash-)Theaters, der (Avantgarde-) Moderevuen, des Karaoke und überhaupt in Sachen Comedy zu Hause. Er gründete 1992 den Hamburger Quatsch-Club, wo heute nicht mehr ganz unbekannte Typen wie Wigald Bo-ning, Olli Dietrich und Rüdiger Hoffmann erste Faxen machten. Beim Blick in die Ver-

Montags-Autor bei LUKAS: Der Hamburger Quatsch-Comedy-Club-ber Thomas Hermanns

LUKAS-Chefautorin: Marie Reiners

gangenheit der anderen LUKAS-Autoren kann man da gleich weitermachen – und man weiß, wer hinter denen steckt, die sich auf Kleinkunst- und Theaterbühnen, in Funk und Fernsehen in den letzten Jahren einen guten Namen und Millionen jede Menge Spaß gemacht haben… Man nehme nur die Vita von Marie Reiners, der wunderbaren LUKAS-Chefautorin:

Die machte in den Achtzigern prima Quatsch fürs Radio wie für Theatergruppen, schrieb für Hella von Sinnen Büttenreden und bestimmte als (Set-)Autorin hinter dem RTL-Traumpaar

Hella von Sinnen/Hugo Egon Balder die Flugbahn der Torten in *Alles Nichts Oder* mit. Auch zig Jokes und Spiele in *Geld oder Liebe*, *Traumhochzeit*, *Verstehen Sie Spaß?* und *Samstag Nacht* sind auf Marie Reiners' Mist gewachsen. Ab 1991 gibt es die TV-Produktionsfirma Film4ma, die ihr mit gehört. Und darum ist Marie Reiners ganz freie Frau der Dinge, die sie so macht – auch wenn darunter ganz viele für ihren guten, alten Freund Dirk Bach sind. Sie scherzte mit für dessen *Dirk Bach Show* und schrieb für ihn einen Spielfilm mit dem ähnlich schon mal gehörten Titel *Schlaflos in Poll* (der leider bisher nicht gedreht wurde). Von der Geburtshilfe und den Geschichten für LUKAS abgesehen, sind in Sachen Sitcom auch die *Mobbing Girls* waschechte Reiners-Girls. Und eine darf an der Seite von Marie Reiners nicht unerwähnt bleiben: Pia, eine Olperbracke-Entlebucher-Sennenhündin-Mischung (sie geht aber auch fast als eine Beagle durch). Und Pia bettelt jetzt, im Autorenzimmer, fröhlich schwanzwedelnd um Aufmerksamkeit…

Das Geld wird auch bei LUKAS nicht verprasst. Und gehört's zum Spiel, wird's nach jedem Probedurchlauf ganz fix wieder eingesammelt!

An diesem ersten Tag der LUKAS-Drehwoche wird die eigentliche Basis gebastelt, auf der am Freitag im Hochglanzformat aufgezeichnet wird

Doch Marie Reiners, Dirk Bach, Helmut Seliger, Thomas Hermanns und der Regisseur (oder die Regisseurin! – dazu später mehr) sind schon total konzentriert bei der Sache: Also das Siegerlied im Grand Prix d'Eurovision…, das habe ja wirklich wie ABBA geklungen…, und „nee…!'", lacht Dirk Bach, der mit Marie Reiners gerade im Arbeitsurlaub war: Diese Frau schlafwandele ja und habe einem Gipskrokodil doch tatsächlich den Schwanz abgetreten! Kurzum: Hier geht's prima gelaunt zunächst um alles, nur nicht um LUKAS – aber dann!

Die Autoren haben das aktuelle Drehbuch (bestenfalls) vor Monaten in die Hände bekommen, noch am Sonntag mehrmals durchgelesen und mit Anmerkungen versehen. Aus dem Skript soll heute das, was irgendwie geht, herausgeholt werden. Was schwach, unlogisch oder falsch ist, werden die Autoren streichen – alles, was die Sache besser machen könnte, möglichst hinzufügen. An diesem ersten Tag der LUKAS-Drehwoche wird die eigentliche Basis gebastelt, auf der am Freitag im Hochglanzformat aufgezeichnet wird. Und zwar getreu dem LUKAS-Motto „Zusammen!". Jeder in dieser Runde darf und soll den Mund aufmachen – auch wenn es um die Idee des lieben Kollegen geht und der Kritiker selbst erst nicht weiß, wie's besser sein könnte.

Zehn Uhr. Marie Reiners sitzt am Computer. Die erste von etwa 30 Drehbuchseiten ist auf zwei Bildschirmen für alle gut lesbar. Erste kritische Stimmen werden laut: „Die Coco stimmt da doch vorne und hinten nicht… Da ist gar nichts schlüssig… Das glaubt doch kein Mensch!" – Was dann? Brainstorming ist angesagt. Und plötzlich stehen große Preisfragen im Raum wie „Welche Gedichte lernt man in

„Johhh..., hömma: doll!"
So könnte es hinhauen!

der Schule?… Wie viel Zeitzonen gibt's in den USA?… Wie haben Fledermäuse Sex? Stehend? Hängend?!" – und „Können die Leute darüber lachen?" Stille. Alle starren konzentriert auf die nichts sagende, blaue Fassade der Firma gegenüber. Dirk Bach krabbelt gedankenversunken auf seinem Stuhl herum oder spaziert als Einziger im Zimmer auf und ab.

Dann erste Antworten, Ideen, Schmunzler, schließlich befreiende Lacher: „Johhh…, hömma: doll!" So könnte es hinhauen! Ein Schluck aus der Wasserflasche, eine Zigarette, auf geht's! Marie Reiners fliegt mit ihren Fingern über die Tastatur. Scheinbar gnadenlos schwärzt und löscht sie die vor-geschriebenen Dialoge und Regieanweisungen, knüpft die A-Story um Lukas und mindestens eine B-Story für Ludwig, Lisa oder Coco an das, was bleiben kann. Die neuen Fäden für die Folge sind aufgenommen, von da lässt sich weiterstricken.

Es klopft. Anne Lenz und Alex Bleicher stellen das Kostüm der Gastrolle der Woche

Die Herren der Finanzen: Film-Geschäftsführer Boris Dillen, Wolfgang Lehr, LUKAS-Produktionsleiter Georg Bonhoeffer (v.l.n.r.)

vor. Die haben Bernd Holzmüller und Uve Lammers – wie alles bei LUKAS in Absprache mit Dirk Bach – lange vor diesem Tag aus Agenturkatalogen und einem Berg von Videobändern ausgesucht. Und das braucht Fingerspitzengefühl! Denn die Besetzung der Gastrollen soll, wie es da so schön heißt, „auf den Punkt genau" sein. Sprich: Typ, Ausstrahlung und Schauspielkunst sollten der Rolle im Drehbuch bestmöglich entsprechen. Und so kam es sogar einmal vor, dass für LUKAS ein Darsteller aus Los Angeles eingeflogen wurde, weil das nun mal nach Meinung aller der gesuchte Mann war!

Tuscheln und kuscheln – alte Freunde am bezaubernd idyllischen Lukas-(Studio!) See

Wolfgang Lehr kümmert sich um die traffics, wie es so nett heißt: also um die Einladung, Anreise und Unterbringung der Gäste. Wolfgang Lehr arbeitet gemeinsam mit Produktionsleiter Georg Bonhoeffer und steht wie Film-Geschäftsführer Boris Dillen jetzt, zu Beginn der Drehwoche, zum ersten Mal im Stress: Montag ist auch Abrechnungstag, und auf dem Schreibtisch stapeln sich die Quittungen. Hier wird jede Schauspielergage, jeder Ring für Coco, jede Leihgebühr für ein Möbelstück mit Blick in den großen Budget-Topf kontrolliert und verrechnet. In puncto Finanzen ist bei LUKAS übrigens Tenor: Für das, was auf den Bildschirm kommt (siehe der Mann aus L. A.), investieren wir das Non-Plus-Ultra. Nicht, dass man das Geld nur so verprasst – gespart wird nur lieber in Bereichen, die der

Zuschauer nicht so sieht. Doch da wird dann hart um die besten Konditionen verhandelt!

Auch Filmarchitekt Roland Wimmer und die Jungs von der Baubühne, wie Enno Berk und Christoph Pörschke, haben jetzt, zum Wochenanfang, mitunter alle Hände voll zu tun. Und zwar dann, wenn das Drehbuch ein so genanntes Swing-Set vorsieht. Wie damals, als Lenz junior und senior in Cocos schrillem Appartement campierten, oder als sich Lukas und Coco an einem idyllischen See(!) feierlich aneinander kuschelten… Zwar sind Swing-Sets (im Normalfall) lange vor dem Dreh bekannt, werden mit Dirk Bach und der Regie besprochen und dementsprechend vorbereitet. Doch für den eigentlichen Aufbau der Spezialszenerien (zumeist auf Extraflächen abseits der Lenz-Wohnung) bleiben den Setbetreuern nur

Für das, was auf den Bildschirm kommt, investieren wir das Non-Plus-Ultra. Nicht, dass man das Geld nur so verprasst – gespart wird nur lieber in Bereichen, die der Zuschauer nicht so sieht.

Filmarchitekt Roland Wimmer mit Hansjoachim Krietsch alias Ludwig im schönen Hinterhof der Lenze

So ein Swing-Set kann eine ganz schöne Prasselei sein!

Sorgt für den letzten Schliff der LUKAS-Folgen: Postproduktionsleiter Didi von Rossek (re)

Bei LUKAS werden keine Lachsalven aus der Konserve dazugepackt. Im Gegenteil: Fast immer muss das Gelächter der LUKAS-Fans gekürzt werden

wenige Stunden. Darum kann so ein Swing-Set eine ganz schöne Prasselei sein – zum Beispiel wenn es sich um so eine Kleinigkeit wie eine schottische Burg zu Zeiten Shakespeares handelt: Wochenlang hatte Roland Wimmer historische Bücher gewälzt und Fotos studiert. Zwar recherchiert der Filmarchitekt für jede Sonderkulisse genau und möglichst vor Ort, doch bei der Burg war Roland Wimmer ganz in seinem Element. Und die sollte auch in jeder Hinsicht ein Super-Swing-Set werden. Und damit jeder Zuschauer im Studio das prima sehen konnte, hat das LUKAS-Team mal eben das komplette Wohnzimmer der Lenze mit seinen 10.000 Einzelteilen ausgeräumt, abgebaut, flachgelegt! Und zwar noch am Freitag, nach der Aufzeichnung, bis weit in die Nacht hinein. Bevor am Dienstag die Proben für die neue Folge begannen, musste die Burg ja stehen! Doch derlei Mühen lohnen sich alle Mal: Als

die Bühnenbauer einmal einen Hinterhof derart nett gezimmert hatten, wurde sogar ein Drehbuch extra umgeschrieben, damit der Hof nochmal ins Bild kommen konnte.

Später Nachmittag, Autorenzimmer. Thomas Hermanns stabreimt, was das Zeug hält, alles lacht – unbändig. Die Regie ist für ein Stündchen in die Spezialfirma nebenan verschwunden, um den Rohschnitt der Folge vom letzten Freitag zu begutachten. Postproduktionsleiter Friedrich (Didi) von Rossek hat die von Bildmischerin Karin Hennes geschnittene Fassung verfeinert, die man im Fachjargon den Laiencut nennt. Und das ist eigentlich ein Skandal! Erstens ist Karin Hennes, die das LUKAS-Team für jede Folge extra aus Berlin einfliegen lässt, die absolute Profi-Frau (dazu gleich mehr). Und zweitens ist ihr Schnittwerk deshalb theoretisch sendefähig. Aber bei LUKAS – siehe oben – werden auch in puncto technische Qualität (alles digital) weder Kosten und erst recht keine Mühen gescheut. Deshalb wird genau geschaut, wie Bilder und

Töne für die Feinschnittabnahme am Computer weiter präzisiert werden können. Und nein! Dabei werden keine Lachsalven aus der Konserve dazugepackt. Im Gegenteil: Fast immer muss Didi von Rossek das Gelächter der LUKAS-Fans kürzen und anpassen, weil das sonst den optimalen Sende-Zeitrahmen im ZDF von 28 Minuten plus-minus 15 Sekunden sprengen würde – und zwar satt!

Inzwischen sind die Autoren auf Seite elf des neuen Drehbuches angekommen. Oh je, über 20 Seiten sind noch zu beackern, und es ist doch schon nach sechs! Die Arbeitsatmosphäre schwankt zwischen vorfreudigem Gekicher und absoluter Konzentration. Dirk Bach geht immer wieder in sich. Was auf dem Bildschirm langsam wächst, muss für ihn vor dem geistigen Auge quasi als Mini-Stück bereits funktionieren. Die Leitfrage über der peniblen Textarbeit lautet dabei stets: Wie reagiert Lukas, wenn das

und das jetzt passiert? Und: Was könnten die anderen Charaktere sagen? Und da haben natürlich alle hier ihre Alter egos auf der Bühne… Da findet sich der eine wie die andere in den LUKAS-Figuren doch wieder und weiß, dass ein anti-hannoveranischer Witz für Ludwig zu kess ist, dass Coco sofort reagiert, wann immer von Sex die Rede ist, und dass Lisa wirklich kein Kind mehr ist.

Und die Truppe hier weiß auch, wie viel Sätze sie Lukas von der Küche zur Wohnungstür mit auf den Weg geben muss. Schließlich kennen Hauptdarsteller, Regisseur und Set-Autoren nicht nur ihre Pappenheimer sondern auch die Studiokulisse aus dem Effeff. Und auch aus eben solchen Gründen kommt's nicht selten vor, dass von einem Drehbuch von

Die Leitfrage über der peniblen Textarbeit: Wie reagiert Lukas, wenn das und das jetzt passiert? Und: Was könnten die anderen Charaktere sagen?

Typisch Lukas! Lustig, bunt – und dann geht's rund!

Montag

Autoren, die nicht so nah an der ganzen Sache dran sind, gerade mal die Grundgeschichte, der Plot, überlebt. Und den Rest, den schreiben die fünf in solch einer Sitzung hier komplett neu. Ja, und das kann dauern! Aber das macht ja auch Spaß! Uli Hamacher, die nun, um fast elf Uhr, wie die meisten im LUKAS-Team schon lange zu Hause ist, traut den Autoren an diesen Montagen allerdings kaum über den Weg: Brandet mal wieder schallendes Gelächter aus deren Zimmer, wird sie kurz darauf geheimnisvoll angegrinst, kann sie drauf wetten: Irgendeinen Schabernack haben die Autoren auch für sie als Runninggag wieder ausgeheckt – und am Freitag kann sie sich mindestens ein Pfund Kräbbchen aus den Haaren pulen… Damals, als die Dichter und Denker laut johlend an Helmut Seligers Traum-Folge *Pummelchens Himmelfahrt* feilten, machten sich die LUKASse sogar Sorgen: „Haben die Drogen genommen?!"

Es ist schon vorgekommen, dass die LUKAS-Autoren bis vier oder fünf Uhr morgens geschrieben haben – bis endlich alle zufrieden waren

Das natürlich nicht: Irgendwann holt jemand noch ein paar ganz normale Sandwiche aus der Küche (für die Pia fein Frauchen macht und von Dirk Bach eins ums andere abstaubt). Und gegen eins endlich setzt Marie Reiners unter das geballte Team-Werk den Schlusspunkt. Ob man's glaubt oder nicht: Das ist noch früh! Es ist schon vorgekommen, dass die LUKAS-Autoren bis vier oder fünf Uhr morgens geschrieben haben – bis endlich alle zufrieden waren. Doch diese 16 Stunden heute, die reichen auch. Denn nicht nur Dirk Bach ist jetzt zwar zufrieden und zuversichtlich – doch auch „sooo müüüde…!"

„Manchmal bin ich sooo müde…" – Lukas macht ein Nickerchen

Auf einer Liste steht genau, wer (Rolle/Schauspieler), zu welcher Tageszeit (Licht, Ton), wo (Set) und warum (Inhalt der Szene) auftreten soll. Und welches Spielzeug (Requisite) dabei vonnöten und ob alles im Spezial-Look (Maske, Kostüm) gedacht ist

Für den kleinsten und größten LUKAS-Schnick-schnack zuständig: die Requisiteurinnen Anne Schiek (li) und Sandra Münchenbach

„Also wir haben uns das so gedacht" – Dirk Bach und Richard Huber erläutern ihre Ideen in der Produktionssitzung

Dienstag
Wer steht wo?

Sieben Uhr. Uli Hamacher ist die Erste im LUKAS-Studio. In zwei Stündchen ist Produktionssitzung. Bis dahin müssen 30 Exemplare der neuen Montags-Fassung (eine geht nach Mainz, zum ZDF) gedruckt sein. Zum ersten Mal in dieser Drehwoche kommen heute alle LUKASse zusammen – so gegen neun - trudeln sie nach und nach ein.

„Guten Morgen!", „Guten Morgen!", „Einen wunderschönen guten Morgen!" – Dirk Bach ist da. Der hat das Drehbuch noch in der Nacht und am frühen Morgen ein paar Mal gelesen und hofft nun, dass es auch den anderen hübsch gefällt… Die Spannung ist groß: Was haben die Autoren diesmal verbrochen? Hansjoachim Krietsch fühlt sich noch wie ein unschuldiges Kind – und ist aber auch schon angespannt: Ob mal wieder alles in nur drei

Tagen zu schaffen ist? Auf dem Tischrund im großen Besprechungszimmer dampft es aus Kaffeetassen. Schauspieler, Regisseur und Regieassistenten, Aufnahmeleiter, Redaktion und (Post-)Produktion, Innen- und Außenrequisiteure, der Filmarchitekt, Kostüm- und Maskenbildner – alle sitzen sie jetzt zusammen. Praktisch ist, dass gestern auch eine Menge Notizen gemacht wurden. Auf einer Liste steht nun genau, wer (Rolle/Schauspieler), zu welcher Tageszeit (Licht, Ton), wo (Set) und warum (Inhalt der Szene) laut der neuen Montags-Fassung auftreten soll. Und welches Spielzeug (Requisite) dabei vonnöten und ob alles im Spezial-Look (Maske, Kostüm) gedacht ist. So wissen die Mitglieder jedes Departements auf einen Blick, was diesmal auf sie zukommt.

Das Lenzsche Wohnzimmer wird in eine grüne Hölle verwandelt

Schick, schick, Schickeria! Lukas im „Designer-Jetset-Reise-Outfit"

Wow! Ludwig mit „Carmen-Miranda-Obstschale". Das Obst ist übrigens echt und mit Fäden und Drähten befestigt

Comedy – das ist eine Spielwiese! Da kann und soll sich jedes Departement kreativ austoben!

Zum Beispiel Anne Schiek. Die kämpft sich seit der vierten Staffel als Außenrequisiteurin für LUKAS durch den Verkehr, stets auf dem Weg zu Supermärkten, Baumärkten, Kaufhäusern, Möbelhäusern, Spezialgeschäften und zum Fundus – wo man überhaupt die tollsten Sachen von und für TV und Theater findet. Mal angenommen Anne Schiek soll Essiggurken, Nutella, Rollmöpse, Strampler, Windeln und Babyfläschchen besorgen, kann sie davon ausgehen, dass sie mal wieder wohl wollend belächelt wird: Wer das in rauen Mengen aufs Kassenband packt, muss ziemlich schwanger sein! Schleppt Anne Schiek wie damals, als man das Wohnzimmer der Lenze (auch so eine stressige Nachtaktion) in eine grüne Hölle verwandeln sollte, einen halben Dschungel in einen 7,5-Tonner, begleiten sie eher fragende

Blicke. Anne Schiek erklärt schon gar nicht mehr, dass doch alles fürs Fernsehen ist. Sollte sie dabei nämlich verraten, dass Dirk Bach das für LUKAS braucht, bekommt sie gleich noch Kartenwünsche für die Aufzeichnung mit in die Hand gedrückt…

Mit der Infoliste kommt Leben in die Produktionssitzung. Zwar kennen alle die Urfassung des Drehbuches. Doch nun ist ja so viel anders, die Bahn wieder frei für neue Ideen. Und Comedy – das ist eine Spielwiese! Da kann und soll sich jedes Departement kreativ austoben! Was diesmal geht und gefällt, wird denn auch gleich ausgelotet: Maskenbildner Thorsten Esser möchte den Gastdarsteller mit einer Perücke im Afrolook verwandeln. Die Kostümabteilung findet, dass diesmal die höhenverstellbare Kochmütze für Ludwig passt. Und die Requisite fragt nach, was bitte schön genau unter der „Carmen-Miranda-Obstschale" zu verstehen ist?! Das ist die Runde, in der erörtert wird, wie edel das „Designer-Jetset-Reise-Outfit", wie französisch das Baguette und wie verkokelt der Rinderbraten aussehen

Mit Schmackes durch den neuen Text: Jochen-Ludwig und Katja-Coco

„Hiiiilfeee! Wo kommt denn der riesige Hummer her?!" In dem Spezial-Kostüm schwitzte übrigens Redaktionsassistent Uve Lammers

Bloody Mary: Eines der bezauberndsten LUKAS-Kostüme – für das Regisseur Richard Huber gar den Kopf verlor

sollen. Dirk Bach erklärt, wägt die Vorschläge mit seinen Autoren ab („Also wir dachten da eher an…") und freut sich: Im Team reift die LUKAS-Folge – und das Stück in seiner Vorstellung wird runder.

Elf Uhr, Besprechungszimmer. Erste Lesung des Drehbuches. Die LUKAS-Schauspieler haben ihre Texteinsätze markiert. Ein Räuspern, ein Huster – und ab. Und wie das abgeht! Mit ordentlich Schwung und Schmackes jagen Dirk-Lukas, Jochen-Ludwig, Katja-Coco und Charlotte-Lisa mit ihrem Gast der Woche laut lesend durch die Story. „Uiuiuiui…!",

Das Motto der Woche: „Jaja, Tempo-Tempo-Tempo – keinen Lenz machen diesmal…!"

kommentiert Hansjoachim Krietsch – und freut sich, weil die Pointen schön spritzig verteilt sind. Und irgendwer gibt das Motto der Woche aus: „Jaja, Tempo-Tempo-Tempo – keinen Lenz machen diesmal…!"

Aber die LUKASse sind ja längst auf Touren gekommen! Während sich in der Waschmaschine auf dem Flur Klamotten vom letzten Freitag drehen, rattern in der Kostümabteilung die Nähmaschinen. Alma von Possé, Modedesignerin und Kostümbildnerin, und Korinna Zeiss, Studentin der Bekleidungstechnik, setzen um, was Anne Lenz und Alex Bleicher in so genannten Figurinen entworfen haben. Die eigentlichen Schnitte sind dabei übrigens ruck-zuck gemacht, weil man für die vier Schauspieler einmal Grundmuster gefertigt hat. Ist ein Kostüm oder Accessoire sehr aufwändig, lässt man es auch von Spezialfirmen ausarbeiten. Wie damals den riesigen Riesen-Hummer, der plötzlich bei Lukas im Türrahmen stand! Sich um derlei Ungetüme zu kümmern, dazu fehlt Alma von Possé und Korinna Zeiss schlichtweg die Zeit: Weil nicht al-

„Wo stehe ich?", „Wohin gehe ich?",
„Wie betone ich das?" und:
„Wie ist's witziger?"

le LUKAS-Figuren, sagen wir mal 08-15 sind, ist genug daran zu tun, die Sachen zu ändern, die Anne Lenz und Alex Bleicher von der Stange weg kaufen. Die zwei sind auch jetzt, nach der Produktionssitzung, gleich los, um Passendes für die neue Geschichte zu suchen. Denn obwohl die Kleiderstangen von Lukas & Co prallvoll hängen, es kistenweise Schuhe, Schals und Schlipse gibt, hinter schlichten Schranktüren reihenweise die (zum Teil extra angefertigten!) falschen Klunker Cocos funkeln – irgendetwas fehlt immer…Es ist Mittag. Die erste Probe beginnt. Rund um das Set ist es stockduster! Nur bei den Lenzen herr-

scht Festbeleuchtung. Doch trotz Rampenlicht: Im LUKAS-Look muss noch keiner schauspielern. Bis Donnerstag bleiben alle Darsteller in Zivil, und da zeigt sich nochmal, dass Katja Bellinghausen – im grauen Kapuzen-Strickkleid – keine exzentrische Coco ist, und dass auch Hansjoachim Krietsch – schwarzes New York-Hardrock-Café-Shirt, Jeans, Turnschuhe – den Strickjacken-Scharm mit Ludwig nicht gemein hat. Doch eines geht heute nicht: Charlotte Bohning steht auf hohen Hacken, und Dirk Bach (gelb-rotes Chili-Shirt zu schwarz-blauen Camouflage-Bermudas) muss zu seiner Lisa ganz schön aufschauen. Deshalb: „Schatz, ehm.., muss das sein mit diesen Schuhen?"

O.k., also Schuhe aus und – mit dem Drehbuch in der Hand – rein ins Rollenspiel! Jetzt

Die ersten Proben – noch in Zivil

Mmh... – so geht's noch nicht. Aber wie dann?

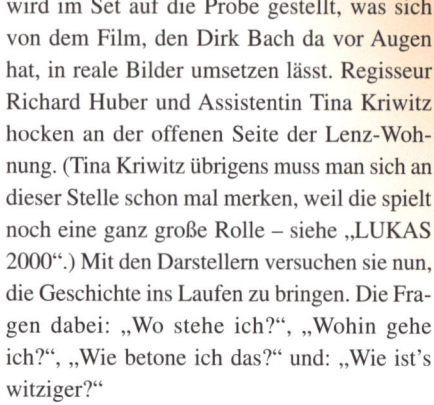

wird im Set auf die Probe gestellt, was sich von dem Film, den Dirk Bach da vor Augen hat, in reale Bilder umsetzen lässt. Regisseur Richard Huber und Assistentin Tina Kriwitz hocken an der offenen Seite der Lenz-Wohnung. (Tina Kriwitz übrigens muss man sich an dieser Stelle schon mal merken, weil die spielt noch eine ganz große Rolle – siehe „LUKAS 2000".) Mit den Darstellern versuchen sie nun, die Geschichte ins Laufen zu bringen. Die Fragen dabei: „Wo stehe ich?", „Wohin gehe ich?", „Wie betone ich das?" und: „Wie ist's witziger?"

Apropos: Auch wenn (oder weil) die Szenen lange noch nicht sitzen, hat die Crew hier ziemlich fix ihren Spaß: Zum x-ten Mal käbbeln sich Dirk Bach und Charlotte Bohning jetzt schon um ein Telefon – und schütteln sich schließlich nur noch vor Lachen. So ein Hin und Her – das hat selbst Dirk Bach noch nie gespielt…!

Und vieles funktioniert auch nicht, wie's gedacht war. Immer wieder fällt auf, dass noch Text fehlt oder doch falsch ist. Autor Helmut Seliger ist deshalb mit am Set. Nach jeder probegespielten Szene gibt's ein Sit-In (zu dem sich alle ganz schön in Lenzens Wohnzimmer rumfläzen). Jeder überlegt: Was kann man wie besser sagen? Wie ist's für den Zuschauer schöner? Die Änderungen hält Helmut Seliger direkt im Drehbuch fest, auch Dirk Bach zückt den Stift, der griffbereit hinter seinem Ohr klemmt.

Derweil macht Innenrequisiteurin Sandra Münchenbach das, was sie ständig macht: Sie räumt im Set rum. Zum Beispiel muss ja das Telefon wieder an seinen Platz. Alles hat griff-

„Sachen zum Lachen machen" – das ist einfach das Ding von Sandra Münchenbach. Je schräger, desto besser

Dienstag

Total durchgeknallt: Brotscheiben an der Tischkante

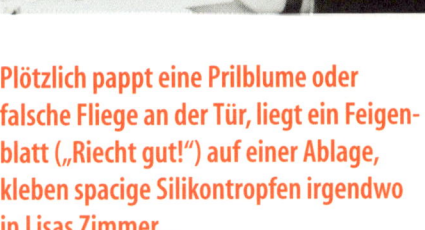

bereit zu sein, was – Achtung, Fachjargon! -bespielt wird. In welcher Form auch immer. Und weil Anne Schiek gerade erst nach Sandras Bestellungen Ausschau hält, sind die Requisiten noch recht abstrakt: Da ist der Fleischwurstkringel eine Rolle Isolierband, und Terrier Westerwelle mutiert zur Freude aller gleich mehrfach: Ersatzweise versteckt die Innenrequisiteurin in der Korbkiste einen Koala-Plüsch-Rucksack, eine Lackfolie und plötzlich irgendein geschecktes Deko-Tier mit pinker Euter-Kappe… „Sachen zum Lachen machen" – das ist einfach das Ding von Sandra Münchenbach. Je schräger, desto besser. Sie war's, die bei Harald Schmidt die Kuhschleife entworfen hat. Und wenn Lukas (gerne anlässlich eines Rendezvous) mal wieder total durchknallt und Toastbrotscheiben dekorativ an die Kante des Küchentischs genagelt sind, dann geht das auf Sandra Münchenbachs Kappe. Weil sie supervie Zeit im Set verbringt, ist sie – zur Freude aller, die hier auch viel arbeiten und rumgucken – auch permanent damit beschäftigt, ihr zweites Zuhause mit noch mehr Nippes zu spicken. Und plötzlich pappt eine Prilblume oder falsche Fliege an der Tür, liegt

Plötzlich pappt eine Prilblume oder falsche Fliege an der Tür, liegt ein Feigenblatt („Riecht gut!") auf einer Ablage, kleben spacige Silikontropfen irgendwo in Lisas Zimmer…

ein Feigenblatt („Riecht gut!") auf einer Ablage, kleben spacige Silikontropfen irgendwo in Lisas Zimmer…

Als Lisa noch von Maria de Bragança gespielt wurde, war der Dienstag übrigens der Tag der Stand-Ins: Damit Maria nicht zu oft ins Studio musste, hat ein Ersatzdarsteller ihren Part gesprochen. Doch das ist nicht das Einzige, was an diesem Tag noch nicht so ist, wie's mal sein soll:

Nach einigen Durchläufen stellen die LUKASse das Drehbuch gegen Abend noch einmal durch, Szene für Szene, und dabei wird zweierlei deutlich: 1. Wir sind auf dem richtigen Weg; 2. Bis Freitag haben wir noch verdammt viel zu tun!

**Proben, proben, proben
lautet der Tagesplan**

Mittwochskrise! Noch holpert der
Text zu sehr. Mit seinen Set-Autoren
Marie Reiners und Helmut Seliger
feilt Dirk Bach an einzelnen Silben

Mittwoch
Mit wem spricht diese Frau?!

Der Feinschnitt der vorherigen Folge ist
fertig! Nun zeigt sich, wie glanzvoll der
Einsatz aller im Filmpaket wirkt. Dirk Bach,
der sich das Ganze heute Morgen mit seinem
Regisseur und einem Redakteur anschaut,
muss das Werk absegnen. Und er findet diese
erste Aufgabe des Tages – es ist halb neun –
klasse: Welcher Schauspieler ist schon derart
nah an diesen Dingen? Aber nun bloß nicht
nochmal etwas suchen, was nicht mehr zu ändern ist! Besser ist's, nach vorn zu gucken:

Halb zehn, auf geht's! Und wer die Schauspieler in den folgenden Stunden am Set beobachtet, der sieht auch zwischen den Szenen
ganz schön komische Bilder. Katja Bellinghausen, alleine, im Sessel in der Diele: Sie
starrt vor sich hin, macht plötzlich einen
Schmollmund, zieht die Augen hoch, bewegt
die Lippen, lacht… – Hallo? Mit wem bitte
spricht diese Frau?! Oder Hansjoachim

Krietsch: Abseits des Wohnzimmers murmelt
er Satzfetzen vor sich hin, zieht an seiner Zigarette (er darf das hier als Einziger!), bläst
gedankenverloren den Rauch ins Studiodun-
kel…

Textlernen! Sie haben es gestern Abend getan, vielleicht noch in der Nacht. Und heute
Morgen, als man sie zur Arbeit gefahren hat,
wieder. Hansjoachim Krietsch, Typ „optischer
Lerner", hat Ludwigs Worte gar einmal run-
terschreiben müssen. Immer wieder mit Blick
ins Drehbuch versuchen die Schauspieler, sich
ihre Rolle einzuprägen. Viel Zeit haben sie
nicht: Der heutige zweite ist streng genommen
auch schon der letzte, reine Probentag. Am
Theater, da hätte man für so eine halbe Come-
dy-Stunde eine, vielleicht gar zwei Wochen!
Bei LUKAS muss alles fixer gehen – und das
heißt damit nicht weniger genau, sondern vielleicht sogar noch exakter.

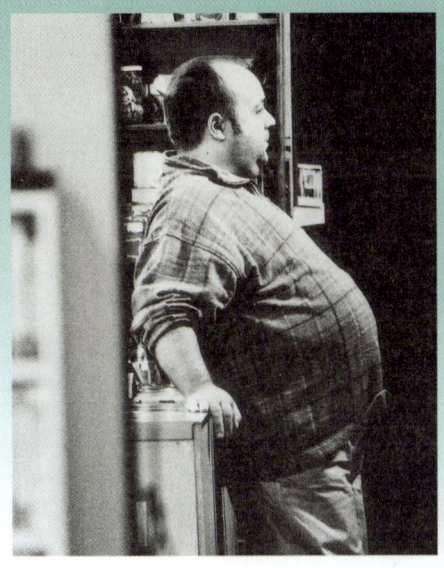

Ups! Cocos geiles Latex-Kostüm hatte so seine Tücken; Kostümbildner Alex Bleicher löste das Problem schließlich mit Fahrradflickzeug

„Ich weiß, das ist ein komisches Ding… Keine Ahnung, wie's funktioniert!" Dirk Bach behauptet tatsächlich, er habe außer Shakespeare in seinem ganzen Leben noch nie etwas auswendig gelernt!

Einer übrigens scheint auch in Sachen Textlernen ein Phänomen zu sein: Dirk Bach. Der behauptet tatsächlich, er habe außer Shakespeare in seinem ganzen Leben noch nie etwas auswendig gelernt! „Ich weiß, das ist ein komisches Ding… Keine Ahnung, wie's funktioniert!" Oder doch: Denn stimmt die Situation einmal für ihn, hat er auch den Lukas schnell drauf. Zack – ganz einfach!

Nicht ganz: „Ei – so kann isch des net behalte, Kinder!" Mit-Autor Dirk Bach nörgelt rum. Es ist schon Nachmittag, und das Buch läuft noch immer nicht. Manche Sätze sind zu geschraubt, zu verzwirbelt. Das kann sich kein Mensch merken, erst recht nicht gut spielen. Mittwochs-Krise! Hansjoachim Krietsch liegt der Länge nach auf der Lenz-Couch. Die Ansage lautet „Textdurchlauf", ohne Spiel. Und dabei wird aus „abgestaubt!" vielleicht ein „da staubt schon keiner ab". Das mag simpel erscheinen, macht's hier aber für alle deutlicher. Und darum wird's geändert, und am Tisch der Set-Autoren heute direkt in den Computer gehackt.

Die Art-Departements machen sich gleichfalls langsam an die Feinarbeiten: Die Kostümbildner baden ein weißes Oberhemd in schwarzem Tee, damit's im Fernsehbild nicht zu knallig wirkt. Und weil bei LUKAS ja alle so auf Patina stehen (hier also Knickfalten, Wollmäuse), verwäscht eine andere neue Klamotte derweil im Vollwaschgang… Manchmal ist's an Alltagsmalheur jedoch zu viel – zum Beispiel damals, als das geile Latexkostüm für Coco außerplanmäßig plötzlich an der Büste platzte… Da so ein edler Gummi-Dress ja nicht einfach mit Nadel und Faden zu retten ist, löste Alex Bleicher das Problem einfallsreich wie profan: mit Fahrradflickzeug!

Mit Mama-Bär und Papa-Bär ist ein LUKAS-Lacher sicher

Auch in der Requisitenabteilung weiß man sich zu helfen: „Schatz komm rein, ich stopf gerade einen Penis!" Sandra Münchenbach hat in den Einkäufen von Anne Schiek 1-A-Bastelkram für Lukas' Aufklärungsstunde gefunden: Jetzt hat sie rosa Filz über einen Bleistift gesteckt und fädelt unter Garantie (weil formgetreu en miniature) einen großen Lacher für die nahende Freitagabend-Aufzeichnung ein.

Produktionsleiter Georg Bonhoeffer spielt unterdessen Mäuschen. Er sitzt in seinem Büro – und hört und guckt und lauscht. Läuft auch alles nach Plan? Wenn nicht, wird er's sowieso mit als Erster erfahren: Georg Bonhoeffer ist bei LUKAS der Organisations- und Finanzminister, der Infomanager mit Diplomatenqualität. Bei ihm stehen die Türen stets offen, er koordiniert alle Departements. Wer wissen will, ob und was (noch) geht, geht zu ihm. Und das Motto in der LUKAS-Schaltzentrale ist ein einfaches: „Im Prinzip geht alles!"

„Im Prinzip geht alles!"

Sieht man Georg Bonhoeffer am Set, ist das wie bei allen LUKASsen: pure Produktverliebtheit. Sein verlängerter Arm im Studio ist eigentlich die Aufnahmeleiterin. Und Nicola Müller muss gerade heute besonders für eines sorgen: „Ruhe bitte!" Keiner soll mehr reinkommen! Auch wenn die Departements ihre Entwürfe begutachten, bestenfalls schon abnehmen lassen wollen. Jetzt nicht – bitte erst gleich, nach dem nächsten Bild!

Obwohl… Inzwischen ist die Stimmung bei den Proben schon wieder richtig gut: Richard Huber und Dirk Bach flachsen um die Wette, Charlotte Bohning dippt lustig Essiggurken in Nutella – und will allen auch noch weismachen, dass das sooo schlecht gar nicht schmeckt! Ihr Drehbuch haben die Schauspieler nun aus der Hand gelegt. Hängen oder verhaspeln sie sich, souffliert Regieassistentin Tina Kriwitz den Text ins Spiel. Auch das gewinnt zusehends an Konturen: In Zusammenarbeit mit Dirk Bach führt Regisseur Richard Huber die Darsteller

Mittwoch

In Zusammenarbeit mit Dirk Bach führt Regisseur Richard Huber die Darsteller so durch die Szenen, dass das Ultimo aus der Geschichte herausgeholt werden kann

Iiiieehh! Essiggurken mit (N)ute(lla)! Aber Charlotte Bohning hat's geschmeckt

Mittwoch: der Tag, an dem der Regisseur pingelist an seiner Blocking-Bibel bastelt

„Die beste Sitcom-Regie ist die, die man nicht merkt."
(Richard Huber)

„Ruhe bitte!" – die erste Aufnahme-leiterin Nicola Müller

Hören, gucken, lauschen: LUKAS-Produktionsleiter Georg Bonhoeffer

so durch die Szenen, dass das Ultimo aus der Geschichte herausgeholt werden kann. Und das geht: Head-Autorin Marie Reiners lacht lauthals über einen nun „zu zu schönen" Part, und dieser erste Beifall in dem heute ansonsten so tödlich stillen Studio – der tut gut!

Bevor für die Schauspieler Feierabend ist, steht ein weiterer, kompletter Durchlauf der Szenen an, wie sie gestellt und erarbeitet wurden. Das zeichnet Richard Huber auf Video auf – und zieht sich anschließend in sein Büro zurück: Für die Regie ist der Mittwoch der lange Tag… Noch heute muss Richard Huber – mit Tina Kriwitz – die Folge in jene Bilder legen, die mal im Fernsehen zu sehen sein sollen. Der Donnerstag ist ja schon der Tag der Technik: Da werden unter anderem vier Kameraleute im LUKAS-Studio stehen und wissen wollen, wessen Sätze sie denn bitte wie einfangen sollen? Leitsatz des US-erfahrenen Regisseurs dabei: „Die beste Sitcom-Regie ist die, die man nicht merkt." Heißt: keine schönen Bilder, wenn die mit der Story nichts zu tun haben! Nur das, was Lukas & Co da gerade machen, soll so klar wie möglich inszeniert werden.

Und Richard Huber ist pingelig! Darum wird dieses so genannte Blocking der ganzen Geschichte auch dauern: mindestens vier, vielleicht aber auch sieben Stunden. Auf alle Fälle aber bis in die Nacht hinein…

Donnerstag
„Lasst uns das versuchen!"

Zehn Uhr, alle Mann ins Studio, die Proben beginnen!

An diesem Morgen kann der nette Mann aus dem Produktionssekretariat der Regie noch fast die Hand geben: Es ist noch nicht mal sechs, als Heinz-Dieter Sürth das LUKAS-Studio betritt. Er wird für die Kameraleute auf spezielle Karten das Schnittmuster übertragen, das Richard Huber und Tina Kriwitz entworfen haben. Jetzt also liegt das Drehbuch in der Blocking-Fassung vor. Heißt: Trennlinien markieren auf jeder Seite die Kameraeinstellungen, alle Schnitte sind anständig durchnummeriert.

Neun Uhr. Richard Huber kommt zur technischen Besprechung. Rund 280 Sequenzen sind für die neue Folge geplant – erstmal. Morgen wird es für jede der vier Kameras etwa 80 Schnitte geben, die die Frau oder der Mann dahinter wie ein Schauspieler seinen Text lernen

muss. Und weil Richard Huber in puncto Schnitt eine eigene Sprache (Amerikanismen) und überhaupt seinen eigenen Stil (schnell-schnell-schnell!) hat, ist nur gut, dass die LUKAS-Kamera-Crew von Anfang an dabei ist: Markus Lins, Holger Trapp, Jörg Schürmann, Sabine Blascyk, Roland Bode, Lutz Papenburg bilden die treue Truppe – und vier von ihnen sind heute da.

Und viele andere mehr. Halb zehn, „Hallo-Hallo-Hallo…!" Was ist denn hier los?! Plötzlich tauchen überall im LUKAS-Studio Menschen auf, belagern die Kaffeekannen, reißen sich die Frühstücksbrötchen unter den Nagel. Donnerstag, Freitag – da ist das Pro-LUKAS-Team eine mittelständische Firma mit gut 70 Mitarbeitern: Ton- und Bildingenieure, Techniker, Beleuchter, Beschaller, Pultfahrer, Ka-

Flexibilität ist Ehrensache: Kameramann Jörg Schürmann, im Hintergrund Sandra Münchenbach

Donnerstag, Freitag – da ist das Pro-LUKAS-Team eine mittelständische Firma mit gut 70 Mitarbeitern

belhilfen, Reinigungsmeister, Studiomeister… Mit ihnen liegt mitmal auch ein Knistern in der Luft. Heute Abend wird's eine erste General- probe geben, mit allem Pipapo: mit Kostümen, mit Maske – vor laufenden Kameras.

Und für die wird nun gearbeitet. Zehn Uhr, alle Mann ins Studio, die Proben beginnen! Das, was gestern mühsam auf die Beine ge- stellt wurde, muss weiter entwickelt werden – jetzt mit Kamerapositionen und -einstellungen. Ein Klacks sozusagen! Da ist ja nur gut, dass der Text immer noch nicht endgültig steht: Wie Richard Huber beim Blocking hat Dirk Bach zu Hause das Drehbuch weiter durchgeackert und verfeinert, und am Abend wird vieles nicht mehr sein, wie's mal war… Doch mit dem Text ist's wie mit allem bei LUKAS: Jetzt zeigt sich erst richtig, dass sich in diesem Team partout *niemand* mit irgendetwas zufrieden gibt – wenn's doch noch zu verbessern ist!

Vor der Wohnkulisse der Lenze pendeln heute nicht nur die vier Kameraleute, drei Ton- Menschen und sechs Kabelhilfen von links nach rechts. Hier sitzt auch Karin Hennes, die Bildmischerin, an einem Pult mit fünf Moni- toren. Vier Bildwürfel zeigen, was die einzel- nen Kameras gerade einfangen, ein fünfter die Fassung, wie sie zusammengeschnitten wird. Und das geht so: Aufnahmeleiterin Nicola Müller sagt etwas wie: „Die 43 auf die Zwei, die 44 auf die Eins und nochmal den Übergang bitte!", und die Szene läuft. Und plötzlich macht Karin Hennes ganz vieles auf einmal: Sie schaut ins Drehbuch, und sie guckt auf die Monitore, und sie tanzt mit Zeige-, Mittel- und Ringfinger ihrer linken Hand über eine Tasta- tur. Und sie sagt laut und energisch die Schnit- te an. „43.. 44!.. 45!!" – und davon schwär- men hier die Kameraleute: Ganz alte Schule!

Der nette Mann aus dem Produktions- sekretariat: Heinz-Dieter Sürth

Müssen die Kameraeinstellungen lernen wie die Schau- spieler ihren Text: Sabine Blascyk und Markus Lins

Macht ganz viel auf einmal: Bildmischerin Karin Hennes

Stopp! Zeig mir bitte mal den Opa amerikanisch!

Das können nicht viele! Erst recht nicht, wenn daneben ein Regisseur rumwibbelt wie Richard Huber.

Der hockt jetzt mit den Füßen auf dem Stuhl, behält mit offenem Mund die Monitore im Auge, rollt einen Stift zwischen den Händen oder schnippst bei jedem Schnitt mit den Fingern. „Zack..., zack!" Und weil er sehr höflich ist, hat sich Richard Huber schon vorab entschuldigt: Tausend und einmal hält er die Probe mit seltsamen Wünschen an: „Stopp! Zeig mir bitte mal den Opa amerikanisch! Warum habe ich keinen Single auf der Lisa? Halt, da schneiden wir! Das ist ein Mini-close-up! Den Lacher legen wir uns waistig in die Drei!" Wie bitte?! Und dann springt Richard Huber schon wieder auf – „Toll, Danke!", hüpft mit seiner Blocking-Bibel über die Kabel, zwischen den Kameras durch ins Set – wo er garantiert etwas mit Dirk Bach abklärt oder der mit ihm. Richtig: Teamwork!

So geht das den ganzen Tag, hin und her, und LUKAS bekommt langsam etwas Sportliches. Zwischendurch schneit jemand aus der Kostümabteilung herein, und Dirk Bach entscheidet, ob die Hose oder das Hemd nun o.k. sind. Solche Kostümabnahmen sind normalerweise Sache des Regisseurs, aber a) ist bei LUKAS

fast nichts normal, und b) kann die Regie derweil weiter das Profil des Schnitts schärfen. Und dann ist Pause für alle, und alle gehen auch raus (Kaffee!, Kuchen), nur Dirk Bach bespricht sich wieder mit Richard Huber, schaut sich im Swing-Set um, guckt über die Originalrequisiten, die nun fast alle da sind. Freut sich hier, verbessert da. Frage an das Departement: Könnten die Cover der Pornovideos nicht einen Tuck moderner sein? Sandra Münchenbach trägt derweil zum weiß-der-Himmel-wievielten Mal Lukas' Herzchen-Stoffeinkaufsbeutel von der Küche wieder in die Diele. Dann kehrt die ganze technische Mischpoke zurück, und durch sie kommt heute übrigens auch Leben in LUKAS:

„Wir gehen nochmal auf Anfang, das war eben verzutzelt!" Gut, also nochmal dieselbe Szene für die Regie. Dirk Bach schnappt sich

Je sicherer sich die Mimen fühlen (können), desto tiefer greifen sie von nun an in die Trickkiste ihrer Schauspielkunst

den Herzchen-Beutel und hüpft und gluckst und kiekst und kichert diesmal aber so richtig Lukas-like los – und eine Kabelhilfe lacht sich schlichtweg checkig! Der Lukas-Darsteller streichelt sich zufrieden über seinen Bauch: Prima, das geht also schon mal auf… Und je sicherer sich die Mimen fühlen (können), desto tiefer greifen sie von nun an in die Trickkiste ihrer Schauspielkunst. Die letzten Texthänger werden jetzt gut gelaunt in gänzlich absurde Wortspielereien weitergezwirbelt, alles lacht los, und der Stimmungspegel schnellt in ungeahnte Höhen: Katja Bellinghausen und Charlotte Bohning rangeln wie die Kinder…, es spritzt Wasser aus einer Schnabeltasse für Ludwig…, es wird geshakert, gegibbelt, gestichelt… – wie bei Lukas und Coco und den anderen Lenzen. Wer vom Buch nichts weiß, hat beim Zugucken jede Menge Spaß, weiß aber nicht mehr so ganz: Was bitte ist hier Spiel und was sind die Spökskes drumherum…?!

In erster Linie bleibt die oft so alberne aber schweißtreibende Arbeit. Für eine zentrale Figur sind zwei Männer heute und vor allem morgen, am Aufzeichnungstag, deshalb schier unersetzbar: Der eine ist der Assistent von Dirk Bach. Der hieß lange Uve Lammers. Da der jetzt aber gut in der Redaktion zu tun hat, ist's nun Andreas Wecker. Der schreibt – heute noch mit Bleistift – in das Drehbuch seines Herrn, was sich ändert. Und so ein „Assi", der muss toll gut und lange im Dunkeln sitzen können, super geduldig – aber auch super einsatzbereit sein! Bei dem kleinsten Probe-Päuschen ist Andreas jetzt neben Dirk Bach, hält das Drehbuch bereit, bietet Wasser an, vor allem schmeißt ihm ein Handtuch in den Nacken. Denn der ist garantiert triefnass! (Manchmal probt Dirk Bach deshalb gleich mit dem Handtuch um den Hals weiter, und dann sieht Lukas wieder nach Sport – weil diesmal nach Rocky – aus, naja, so ein bisschen…)

Hilft wo er kann: Andreas
Wecker ist Assistent von
Dirk Bach

Gute Laune am Set: Hier wird gekichert,
geshakert, gestichelt...

... Und wie das lustig fließt, wenn dieser Mensch den Lukas macht! Wahrlich Glanzvorstellungen, die ein stolzer Maskenbildner jedoch gar nicht gerne sieht!

Der zweite wichtige Mann ist der erste Maskenbildner, Thorsten Esser. Der hat in seiner Karriere schon ganz viele TV-Stars und Schlager-Sternchen gepudert und bepastelt, und bei LUKAS seit der Folge mit Langnase Cyrano ja wirklich schon die dollsten Dinge gezaubert. Zur Vollbeschäftigung aber wird sein Job hier, weil aus dem Menschen Dirk Bach von irgendwoher kleine Wasserfälle kommen… Und wie das lustig fließt, wenn dieser Mensch den Lukas macht! Wahrlich Glanzvorstellungen, die ein stolzer Maskenbildner jedoch gar nicht gerne sieht! Aber was kann man da machen?! An dieser Stelle sei's verraten: Ledertuch, angefeuchtet, in einer Spezialmischung aus Wasser und Eau (logo!) de Cologne. Weil: Alkohol verdunstet unter diesen Umständen dann tatsächlich, und Leder nimmt Schwitzbäche auf, lässt aber ein Make-up in Ruhe! Tja, und so einen kölschen Lappen klatscht Thorsten Esser wann immer möglich

in Dirk Bachs Nacken, tupft über Wangen und Stirn, pudert anschließend nach, und nochmal und nochmal und nochmal – und am liebsten würde er während einer Aufzeichnung gleich neben diesem Bach stehen bleiben… (Die Kostümleute halten aus demselben Grund für die Aufzeichnung übrigens vieles doppelt parat und jonglieren auch gerne mit einem Föhn herum!)

Warm kann einem das hier im LUKAS-Studio aber auch werden, da braucht man gar nicht so rumhüpfen wie Dirk Bach. Wen wundert's, bei über 200 Scheinwerfern! Herr aller Spots ist Dieter Gossow, der an diesem Tag der Technik am Lichtpult sitzt, Pultfahrer David Kreilemann allerdings nicht oft bitten muss, eins der Korrekturknöpfchen zu drücken. Bei LUKAS kann sich Dieter Gossow auf die Basisarbeit in Sachen Licht eben verlassen – die hat er nämlich selbst gemacht: Dieter Gossow ist hier der lichtsetzende Kameramann. Total verwirrender Titel, weil eines macht der nie: eine Kamera führen! Dieter Gossow hat als Kameramann aber so sehr viel Erfahrung, dass er im LUKAS-Studio damals die Grundbeleuchtungen eingerichtet hat. Wenn durch das Erkerfenster also mal wieder die liebe Sonne hereinlachen soll (was man bei den Lenzen sehr gerne sieht), dann ist diese heitere Atmosphäre in der künstlerischen Handschrift von Dieter Gossow per Computer gespeichert. Wenn allerdings in einem Aufzug ein flackernder Kurzschluss oder wie damals um die Burg ein mitternächtliches Gewitter zu inszenieren ist, dann experimentiert der Lichtsetzende (zwischendurch war das auch mal Jonas Burlage) schon ganz schön herum. Sonst muss er sich vom Regisseur anhören, dass das Licht im Swing-Set ja nicht angenehm ist, dass in der einen Ecke alle in gleißendem Licht wegbrennen, in einer anderen in funzeliger Schummrigkeit aber absaufen!

Und solange der von Dirk Bach zum Beispiel klasse hitchcock-kantig um die Ecke kommt, entzückt das nicht nur einen Regisseur. Hockt Richard Huber aber vor dem Monitor und ruft mal wieder: „Gaaanz-fetter-Boom-links-oben!!" meint er etwas, was niemand sehen will. Es handelt sich dann um den Schatten eines der drei Mikrofone, mit denen die Tonangler verzweifelt versuchen, aus jedem Winkel des Sets alle Sätze und Silben der Schauspieler zu fischen – freilich ohne dabei in die Kamerabilder einzutauchen! Ach überhaupt die Ton-Menschen… Deren Arbeit ist auch ein hartes Brot! Haben zwischen den vier Kameras und der halben Fußballmannschaft an Kabelhilfen mit ihren Mikrowägelchen kaum Platz, und trotzdem finden's alle so selbstverständlich, dass sie gut was zu hören kriegen! Weil sie wie die Kameraleute eine bestimmte Linie nie, nie, nie überschreiten dürfen, heißt: nicht in die Wohnung der Lenze hereinfahren

Kölsches Lederläppchen zur Kühlung: Maskenbildner Thorsten Esser im Kampf gegen die Schwitzbäche des Hauptdarstellers

Scheint die LUKAS-Sonne auch hell genug? – der lichtsetzende Kameramann Jonas Burlage

Fischen den Sound aus jeder Ecke: die Tonangler (rechts Toningenieur Sascha Hömske)

Generalprobe! Requisiten präparieren und platzieren, umkleiden, schminken, nochmal in sich gehen… Und bitte alle auf Anfang!

dürfen (ganz anders als bei Soaps, viiiel schwieriger!), hat man ihnen zwar fünf Meter lange Arme für ihre Mikros gegeben – und auch Dieter Gossow hat seine Kunst beim Einleuchten des Sets bewiesen, indem er die Schattenbildung auf ein Minimum reduziert hat –, trotzdem: Das Soundangeln spurenlos über die Bühne zu bringen, ist nicht einfach. Darum finden die Tontechniker black auch so beautiful, denn das schluckt die „gaaanz-fetten-Booms" wie auch – aber psst!!! – die Küchengardine, Ludwigs Sessel und der *echte Alfred Lichter* in der Diele…

Später Nachmittag. Morgen um die Zeit wird's ganz ernst, darum tun jetzt schon mal alle so als ob: Generalprobe! Requisiten präpa-

rieren und platzieren, umkleiden, schminken, nochmal in sich gehen. Was haben wir an Text und Spiel geändert (einiges), welche Schnitte sind dazugekommen (etliche)? Und bitte alle auf Anfang!

Anschließend im Besprechungszimmer: Käse-Laugenbrötchen, Tomate-Mozzarella, Knabberkram. LUKAS-Kaltmamsell Hans-Jürgen (HaJü) Holter bringt für diese Runde besonders Leckeres auf den Tisch. Aber: Entspannt die Füße hochlegen kann bei diesem Video-Abend keiner. Im Team wird die Folge jetzt in der angehenden ZDF-Fertigmischung argusbeäugt. Dirk Bach sitzt in der allerersten Reihe, direkt vor dem Fernseher, Stift und Notizblock auf dem Bauch. Wie sieht's aus? Ist so alles gut? Teilen wir mit unserer Mimik, Gestik, dem ganzen Drumherum die Story bestmöglich mit? Ist auch die Gastrolle gut drin? Dirk Bach kniet auf seinem Stuhl, lehnt sich weit über den Tisch, seiner Mannschaft entgegen. Er kurbelt die kollegial-konstruktive Kritik nach jeder Szene wieder und wieder an. Katja Bellinghausen, Hansjoachim Krietsch,

Letzte Absprachen und dann: die Generalprobe!

Donnerstag

Charlotte Bohning überlegen selbstkritisch: Sind die Coco, der Ludwig, die Lisa so überzeugend? Auch die anderen, besonders die Autoren, erörtern penibel, wie die Ideen umgesetzt sind. Und Richard Huber und Tina Kriwitz seufzen beim Anblick der Bildmischung: „Verschnitt.., Verschnitt.., Verschnitt..!" TV-Format hat's noch nicht.

Auch Pro-duzent Andreas Lichter begibt sich seit Beginn der Drehwoche hier erstmals wieder in die LUKAS-Welt – und deshalb mit klarem Blick für das, was sich in diesem Paralleluniversum entwickelt hat. Meldet sich Andreas Lichter zu Wort, ist's richtungsweisend. Vermitteln sich ihm die Gags nicht, versteht's auch kein Zuschauer. Dann muss noch was daran getan werden!

Über dieser Runde steht das Motto von Dirk Bach für LUKAS in Reinform: „Geht nicht, gibt's nicht. Alles ist möglich – bis zum

„Geht nicht, gibt's nicht. Alles ist möglich – bis zum Schluss!"
(Dirk Bach)

Die Sauna zu leer

Die Sauna schön voll

Lukas strahlt, Ludwig erschrickt: Der mit der heißen Nadel genähte indische Kissenplatten-Mantel verfehlte seine Wirkung nicht

„Mehrarbeit ist immer o.k. – wenn's nachher schöner aussieht!"
(Roland Wimmer)

Schluss!" Darum auch heißt es jetzt, 24 Stunden vor der Aufzeichnung: „Lasst uns das versuchen!"

Zum Beispiel das: Mal eben 20 weitere Statisten für die Sauna organisieren. Die Ansage lautete: „Das Swing-Set ist zu leer, das sieht nach nichts aus!" Zehn Minuten später waren die Telefone im Studio belagert. Ob Produktionsleitung, Redaktion oder Requisite: Wer kennt wen, der Freitagnachmittag Lust hätte, sich für LUKAS halbnackelig, nur in ein Handtuch gewickelt, für ein paar Minütchen in eine falsche Sauna zu hocken? Klar: Da mussten auch die Bühnenbauer nochmal ran, um Stabilität und Statik ihrer Konstruktion zu optimieren. Wird eine Szene mal eben kurz von Tag auf Nacht umgeschrieben, müssen Enno Berk und Christoph Pörschke im Swing-Set vielleicht weitere Lampen anschließen und der Lichtsetzende Dieter Gossow muss alles neu

einleuchten. Manchmal soll noch ein Seifenspender an die Wand (weil er in bestimmten Etablissements eben dazugehört), und unter den schwarzen, aufreizenden Lack-BH wird bitte ein roter Streifen geklebt – damit er wirklich klasse rüberkommt.

Als für Ludwigs 65. ein sehr, sehr opulentes Büffet aufgefahren werden sollte (intern: das Höllen-Büffet), war das am Dienstag zwar auch schon klar. Aber: Donnerstagabend war die Fressmeile in den Augen entscheidender Leute noch nicht üppig genug. Und so haben drei LUKAS-Ausstatter die halbe Nacht Möhren-Delfine und Radieschen-Mäuschen geschnitzt, geschält, gepult, gehackt, geschnitten – auf Teufel komm raus. Und dabei hatten die auch noch superviel Spaß! „Mehrarbeit", sagt Roland Wimmer zum Beispiel, „ist immer o.k. – wenn's nachher schöner aussieht!" Als der LUKAS-Filmarchitekt sich al-

Decke über'n Kopf, Fernseher an: Lukas auf Tauchstation

„Ja…, die geben hier alle alles – und dafür hab' ich sie ja auch so lieb!"

(Dirk Bach)

lerdings ein anderes Mal, wieder nach Mitternacht, im trauten Kollegenkreis auf dem Boden hockend wieder fand, um dutzende Fäden an einen hässlichen Woll-Lappen zu knüpfen, musste er doch lachen: „…und dafür habe ich sechs Jahre studiert!" Doch dieser Poncho (Ludwig, Strickmaschine…), sollte eben als sehr verzotteltes Requisit ins Bild fallen. Von heute auf morgen, von jetzt auf gleich – davon können auch die Kostümbildner ein Lied singen: Einmal drückte Dirk Bach dem Anne Lenz/Alex Bleicher-Clan einen blauen Müllsack voller indischer Sofakissen aus seiner Privatsammlung in die Hände – quietschbunt, kitschig-verspiegelt, angestaubt. Flugs sollte daraus ein schriller Mantel werden, inclusive eines asiatischen Sarongs darunter – weil die LUKAS-Kostümbildner-Ehre es verbietet, „jemanden hier ungefüttert auf die Bühne zu schicken".

Sowas nennt man wohl Herzblut – oder vielleicht schon LUKAS-Fieber. Und sicher kann man es als übertrieben ansehen, wenn auch bei den Lenzen im Honigglas kleine Butterflöckchen segeln, weil da morgen vor der Aufzeichnung noch schnell mit einem Messer durchgestrichen wird… Aber: So macht's hier allen mehr Spaß, und – da sind sich die LUKASse sicher – das kommt als Summe vieler Kleinigkeiten letztlich auch zum Ausdruck. Und Dirk Bach, der dieses „Wenn – dann richtig!" für LUKAS vorgegeben hat, weiß durchaus um sein Team: „Ja…, die geben hier alle alles – und dafür hab' ich sie ja auch so lieb!"

Ach ja: Dirk Bach, man glaubt es kaum, lässt an diesem späten Donnerstagabend das Drehbuch zu Hause zum allerersten Mal in der LUKAS-Woche links liegen. Aber nur bis morgen früh. Der Count-down läuft.

Freitag
Tag der Aufzeichnung – „Hau rein!"

R ichard Huber geht als einer der Ersten an den Start. Nach dem Team-Treffen gestern stehen bis zu 100 Anmerkungen in seinem Drehbuch, die in Bildersprache zu übersetzen sind. Mit Tina Kriwitz knöpft sich der Regisseur die Verschnitt!-Verschnitt!-Fassung vor. Danach: Termin mit Dirk Bach und Tagesnews für die Kameracrew, die Bildmischerin, die Tontechniker.

Und was gestern im LUKAS-Studio noch ein zartes Knistern war, ist an diesem Freitag Hochspannung pur! Heute stehen hier alle unter Strom, dies ist der Tag der Tage in der LUKAS-Drehwoche. Es kommen noch mehr Menschen ins Studio, und HaJü Holter braucht in der Küche eine gute Seele, die den Kaffee im Akkord kocht: Wach sein! Müde fühlt sich ein Dirk Bach – was ja kein Wunder wäre – an diesem Morgen allerdings nicht: „Nö! Gar nicht, nönö..!" Respekt... Lukas Lenz sagte einmal: „Als der liebe Gott die Energie verteilte, habe ich zweimal hier geschrien!" Da scheint's doch ein weiteres Parallelchen zu seinem Darsteller zu geben…

Am Set sieht's nun wieder ganz anders aus: Das Bildmischpult ist weg, weil alles Technische nun von einem Ü(bertragungs)-Wagen – Größe XXL – im Hinterhof des Studios gesteuert wird. Hier strickt nicht nur der Regisseur neben der Bildmischerin und dem Post-Productioner die Folge zusammen. Hier sitzt auch Toningenieur Sascha Hömske. Er sorgt dafür, dass das, was seine Tonleute im Set angeln, nicht als Kauderwelsch sondern knackig und verständlich gespeichert wird. Das ist auch so eine Alles-auf-einmal-Aufgabe: Wird auf-

„Als der liebe Gott die Energie verteilte, habe ich zweimal hier geschrien!"

gezeichnet, hat Sascha Hömske seine Finger an drei Reglern, blickt mit einem Auge ins Drehbuch (welches Mikro soll wen aufnehmen?), mit dem anderen auf einen Monitor (was passiert?). Und so ein Toningenieur, der hat auch Elefantenohren! Sascha Hömske hört im Ü-Wagen Kühlschränke, die im Studiofoyer anspringen und empfangsbereite Handys, die mal wieder dazwischenfunken. Und das Luft-Quirlen der Klimaanlage nimmt er gleich wie peitschende Böen an der Nordseeküste wahr. Deshalb wird dem Problemkind hier auch schon mal der Saft abgedreht…

„Alles drehfertig bitte! Wir machen die Szene nochmal!" Seit Mittag sind die Schauspieler, die Regieassistentin, die Aufnahmeleiter, die technische Crew, mindestens ein Mitglied jedes Departements und irgendwie auch schon ganz viele Neugierige im Studio. Die Darsteller sind frisiert, geschminkt und LUKAS-gekleidet, denn mit Ausnahme letzter Trocken-Textübungen wird nun im Zeichen des Rotlichts geprobt. Heißt: „MAZ läuft!" – ein

„Alles drehfertig bitte!
Wir machen die Szene nochmal!"

Magnetband zeichnet auf. Zweck der Übung:
Alle sollen so sicher wie möglich für den
Abend werden. Und sollte da etwas daneben
gehen, dann sammelt man hier jetzt Material,
mit dem sich doch noch eine hübsche Folge
basteln lässt. Aber: Wer LUKAS im ZDF sieht,
sieht sage und schreibe zu gut 95 Prozent das,
was vor den Studiogästen live gedreht wurde!
Damit hat LUKAS die Nase ganz schön vorn
– und zwar weltweit!

Auf dass wie beim Memory eins zum anderen passt, theoretisch jede Szene ausge-
tauscht werden könnte, wird jetzt megagenau
gearbeitet. Im Fachjargon: Der Anschluss muss
stimmen! Deshalb ist heute – Ssss-t! – auch
der Tag der Polaroids. Ob Maskenbildner, Bühnenbauer, Requisiteure oder Kostümbildner:
Alle halten in Sofortbildern fest, wer oder was
wann/wie/wo ausgesehen hat, um es exakt so
wieder herrichten zu können.

Und zwar dalli-dalli! Denn am Abend soll's
sein wie im Theater, da sollen die Leute nicht
ewig auf die nächste Szene warten!

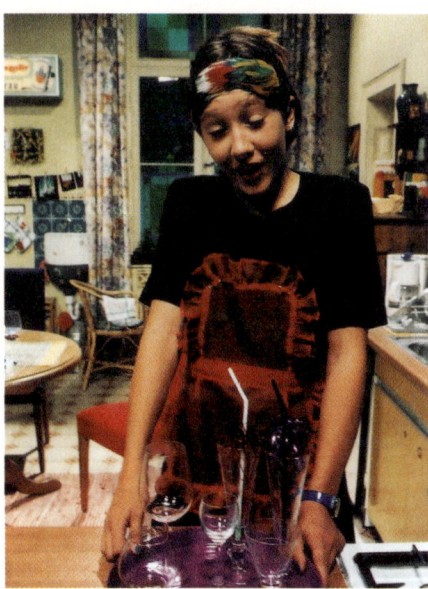

„liieehh, ist das lecker!" – Für Lisas folgen-
schweres Besäufnis musste Maria de Bragança
„eklig süße Säfte" trinken und bekam
anschließend Babybrei um den Mund geschmiert…

LUKAS-Kaltmamsell HaJü Holter und seine gute Kaffee-Fee

Tabu ist hier nahezu nichts, herumexperimentieren und improvisieren das Normale

Das ist vor allem für die Maskenbildner die Herausforderung schlechthin. Von Mann auf Frau umschminken, in zehn Minuten? Live blondieren? Ja wo gibt's denn sonst sowas? Damit jeder Pinselstrich sitzt, drücken Thorsten Esser und Isabel Oebel, zweite LUKAS-Maskenbildnerin, schon bei diesen Nachmittagsaufzeichnungen ordentlich auf die Tube. Kaum ist das Rotlicht aus, sieht man mindestens einen der beiden mit dem Schminkkörbchen zu den Schauspielern rasen: Nachpudern, nachfrisieren, trockentupfen… Im Laufe der LUKAS-Staffeln hat das Duo dabei ganz schön an Tempo zugelegt: Zu Anfang brauchte Thorsten Esser noch eine Stunde, um Lukas in Flora-Fledermaus zu verwandeln. Doch auch bei „Wetten dass…?!" bewies er, dass er die ganze Schose – die Augenbrauen, die Koteletten, die Vampirzähne, die Nase, die Kappe – inzwischen abrakadabra an Dirk Bach zu zaubern weiß.

Weil die LUKAS-Darsteller während der Drehwoche voll beschäftigt sind, testet Thorsten Esser knifflige Masken übrigens oft an sich selbst aus: Bis er für Lukas' Quasimodo-Auftritt in der Folge *Das Horrorvideo* die rechte Mischung raus hatte, hat sich der Mensch pfundweise Quark, Honig, Nutella und Popcorn ins Gesicht geschmiert! Ja, das ist eben Comedy, besser: Das ist LUKAS! Tabu ist hier nahezu nichts, herumexperimentieren und improvisieren das Normale. Dabei greifen die Maskenbildner für ihre Kunstwerke durchaus gerne zu Zuckerwaren: Als Lisa sich damals nach ihrem kleinen Besäufnis übergeben musste, waren die fiesen braunen Bröckchen an ihrem Mund nichts anderes als Babybrei mit kandierten Früchten. „Mmh, mehr davon!", leckte Maria de Bragança sich die Lippen.

Freitag

Ebbe oder Flut? – die zweite Aufnahmeleiterin Anne Kathe

Gegen die Sprints heute war das Hin-und-Her-Hüpfen gestern lockeres Aufwärmen

Früher Nachmittag. Schmecken lässt sich's jetzt auch das Drehteam. Die Hälfte der Szenen sind zwei, zumeist dreimal durchgespielt und aufgezeichnet. Nun ist kurz Päuschen, und alle machen sich im Besprechungszimmer über HaJü Holters Suppe her. Für später ist ein lecker warmes Büffet bestellt. Das soll hier gesagt sein, weil's nicht gang und gäbe in der Branche, aber – Alfredissimo! – typisch Pro ist: Gutes Catering gehört wie die harmonische Arbeitsatmosphäre zum Stil des Hauses Biolek/Lichter/Bach. Motto: „Wenn wir schon so viel Zeit miteinander verbringen, machen wir's (uns) doch so nett wie möglich – in jeder Hinsicht". Die Rechnung geht auch im LUKAS-Team auf: Dessen Mitglieder haben in fünf Jahren kaum gewechselt.

Bevor auch die Schauspieler Essen fassen und vielleicht eine Runde Majong spielen (Charlotte Bohning), ein bisschen Zeitung lesen (Katja Bellinghausen), rauchen, plaudern, Text vor sich hinbrummeln (Hansjoachim Krietsch) oder bestimmt noch etwas abklären (Dirk Bach), davor müssen sie heute zunächst für die Fotografin posieren: Christel Becker-Rau notiert sich während der Proben die ausdrucksstärksten Momente – und macht hier in Windeseile unter anderem fürs ZDF die besten Bilder (siehe rechts, siehe links, siehe die vorherigen und die folgenden Seiten)!

„Bitte ins Studio, wir machen weiter!" Anne Kathe, zweite Aufnahmeleiterin, trommelt freundlich aber bestimmt die LUKASse zusammen. Sie sorgt dafür, dass alle zur rechten Zeit am rechten Ort sind und der Tagesplan (die Dispo, macht die erste Aufnahmeleiterin Nicola Müller) eingehalten werden kann. Wichtigstes Arbeitsutensil: das Funkgerät. Überhaupt sieht's hier heute schon aus, wie man sich die Leute beim Fernsehen so vorstellt: Mit Walkie-Talkies, Kopfhörern, Knöpfen im Ohr. Aber anders geht's nicht:

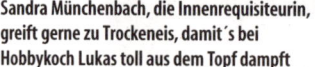
Sandra Münchenbach, die Innenrequisiteurin, greift gerne zu Trockeneis, damit´s bei Hobbykoch Lukas toll aus dem Topf dampft

Verkehrte LUKAS-Welt: Was als Maske eklig aussieht, ist oft süß und lecker. Was die Requisite optisch so verlockend auftischt, davon aber besser Finger weg!

Vor allem Richard Huber im Ü-Wagen muss mit der Regieassistentin, Kamera- und Tonleuten ja in Kontakt stehen, obwohl… So oft, wie der Mann nun ins Studio gerannt kommt, hier was korrigiert, da noch was bequatscht, ein bisschen rumwitzelt – da ist er eigentlich nie ganz weg. Gegen diese Sprints war das Hin-und-Her-Hüpfen gestern lockeres Aufwärmen!

Auch Sandra Münchenbach ist ziemlich in Action. Gerade wenn bei Familie Lenz viele Menschen feiern und schlemmen sollen, ist ihr Wechselspiel zwischen Konstruieren-Rekonstruieren der totale Stress. Damit der Anschluss dann stimmt, muss die Innenrequisiteurin (gut, dass sie meist eine nette Assistentin hat!) pingeligst protokollieren: Welches Lachsschnittchen da wie angebissen auf dem Teller liegt (Sss-t), wie viel in der nächsten Szene noch von der Erdbeerbowle da sein soll (Sss-t). Dabei ist die LUKAS-Welt wieder mal komisch

verkehrt: Was als Maske eklig aussieht, ist oft süß und lecker. Was die Requisite (das Auge sieht mit!) optisch so verlockend auftischt, davon aber besser Finger weg! Die Innenrequisiteurin greift nämlich gerne zu Trockeneis, damit Hobbykoch Lukas in wirklich lustigst blubbernden Sößchen rühren kann. Als Oregano dient ihr Pfefferminztee, Schampus ist lauwarme Apfelschorlen-Plörre und Ins-Gesicht-Schmeiß-Torten sind nie aus sahniger Buttercreme sondern aus seifigem Rasierschaum… Na Mahlzeit!

Daneben gehen kann an so einem Freitag übrigens nichts – zumindest gemessen an dem, was Sandra Münchenbach jetzt alles in einer Art SOS-Gürtel wie in ihrer Arbeitskiste mit sich herumschleppt: Pritt-Stift, Sicherheitsnadel, Taschenlampe, Skalpell, Bostik (die Super-Film-Fixier-Knete), Snoopy-Filzstifte, eine Zahnbürste… Prima zur Tagesatmosphäre passen übrigens die Aufkleber: „Nur Mut!“,

Leichenschmaus zu Ehren Onkel Theos, der ausgerechnet zu Karneval das Zeitliche segnete

„Alles wird gut!", „Meist sogar besser!" Wenngleich der Spruch auf Sandras Wunderkiste total LUKAS-logisch ist: „Auch Fische haben Scheinwerfer!" Bis' verrückt…

„Danke! Richard kommt raus, und noch einmal auf Anfang bitte!" Wieder kommt Herr Huber ins Studio gerast, bittet die Schauspieler, sich noch mehr auszudrehen, heißt: den Kameras entgegen. Dieser letzte Schliff ist Zentimeterarbeit. Weiter wird alles kritischst begutachtet. Was sich jetzt nochmal ändert, das schreibt Assistent Andreas Wecker gleich mit Kugelschreiber ins Drehbuch von Dirk Bach. Irgendwann muss es ja mal feststehen! Das tut der Paravent im Swing-Set allerdings noch nicht: Der wackelt wie ein Lämmerschwanz, den müssen die Bühnenbauer in dieser kleinen Pause schnell nachbessern. Wie auch den Trick-Schrank, aus dem Lukas – Hoppla! – eine Ladung Klamotten entgegenrutschen soll.

Auch in der Kostümabteilung kommt keine Langeweile auf, erst recht nicht, wenn die Autoren typische Comedy-Arien eingeplant haben, wie: mit Schokoküssen auf Köpfen matschen… Muss ja gleich alles wieder picobello sein! Da wird mitunter schnell nochmal gewaschen und express-getrocknet. Bei kleineren Flecken schwören die Profis um Anne Lenz und Alex Bleicher übrigens auf Feuchties, die gute alte Gallseife und das Weiche aus Brötchen – das saugt angeblich Make-up auf! Alma von Possé und Korinna Zeiss sind jetzt zudem als Garderobieren im Einsatz: Sie kleiden die Schauspieler ein und um. Und dabei gilt's heute nicht nur laufmaschenfrei in die Strumpfhosen zu helfen. Hinter den schwarzen Garderobenvorhängen wird an solch einem Freitag auch ganz schön Seelenmassage betrieben. Denn je näher die Stunde der Wahrheit rückt, desto spürbarer wird im LUKAS-Studio das Gespenst, das da Lampenfieber heißt…

Bei allem Stress und aller Anspannung: Die Vorfreude auf den Schlusssprint ins Wochenziel ist RIESENGROSS!

Der Meister Proper im LUKAS-Team: Heinrich Reisert

Da tut jedem Künstler gut, zu hören, dass der letzte Auftritt doch klasse war, und er/sie aber sehr gut in dem Kostüm ausschaut..! Ähnlich ist's bei den Maskenbildnern. Die sind sowieso auch die Produktionspsychologen, bei denen so mancher Probleme ausplaudert. Und allein in der Maske ein LUKAS-Lied zu schmettern, soll schon herrlich befreien: „Lass die Unterwäsche an, du bist noch nicht mein Ehemann…!"

Aber: Wer heute auch immer wieder fröhlichst die LUKASse aufheitert und anspornt, das ist Dirk Bach. Obwohl… Er kann auch anders! – das sagt Dirk Bach zumindest selbst von sich. Dass er ja sehr ungeduldig sei, schon lange Reden gehalten habe, wenn's so gar nicht lief, und es ja mitunter nicht einfach mit ihm sei. – Nun, es fällt natürlich sehr, sehr schwer, das hier zu glauben (und erst recht dafür Zeugen zu finden!) – und ganz grundsätzlich ist's ja auch wie siehe oben!

„MAZ läuft, Schnitt 264 auf Kamera zwei! In fünf, viiier, drei, zwei…" Regieassistentin Tina Kriwitz sagt's an: die letzte Szene der Generalprobe! Noch ein gutes Stündchen bis zum großen Abend-Show-Down! Endlich! Denn bei allem Stress und aller Anspannung: Die Vorfreude auf den Schlusssprint ins Wochenziel ist natürlich RIESENGROSS! Und nach dem letzten Bild – „Danke, das war's erstmal!" – geht's auch gleich Schlag auf Schlag weiter:

Heinrich Reisert, der Reinigungsmeister im Team, macht im Studio nochmal alles proper, dann kommen für die LUKASse hinter den Kulissen all die leckeren, warmen Sachen an und vorne im Foyer die ersten Gäste herein: Nach einem Begrüßungs-Kölsch dürfen sie jetzt, kurz nach sieben, auf ihre Plätze und werden vom Warm-Upper empfangen. Mit dem kriegen die Fans – vor allem zum Warmbleiben zwischen den Akten – hier auch nochmal gut was zu sehen. Denn Warm-Upper bei LUKAS,

Warm-Up mit Herz und Schmerz:
Bernd von Fehrn alias Wanda Rumor

Hochkonzentriert:
Kamerafrau Sabine Blascyk

**Die Kameraleute denken aus-
schließlich in den Bildern, die sie
aufnehmen müssen: Rechts!, links!,
schnack: ranzoomen!, Schwenk!**

das sind Männer in edlen Abendkleidern (Bernd von Fehrn alias Wanda Rumor), klasse Zauberer (Christian Galvez), Gäste von der *Lindenstraße* (Georg Uecker alias Carsten Flöter) oder Comedy-Quatscher (LUKAS-Autor Thomas Hermanns). Der Warm-Upper macht nette Faxen, erklärt, wie der Abend weiter laufen soll, zum Beispiel dass auf Monitoren zunächst eine noch nicht ausgestrahlte LUKAS-Folge präsentiert wird. Und das steht auch in der Redaktion an:

Denn da ist nun Horst-Christian Tadey vom ZDF. Der schaut sich mit Andreas Lichter jetzt die geschnittene Episode vom vergangenen Freitag an – und bemängelt bei dieser endgültigen Abnahme einer LUKAS-Geschichte nur ganz selten noch etwas. Nebenan im Besprechungszimmer ist's währenddessen rappelvoll. Freunde und Familienmitglieder der LUKAS-

se sind da, und die Einspielfolge fürs Publikum zieht auch hier alle vor den Fernseher. Jetzt erfahren endlich auch die Kameraleute, warum eigentlich beim Drehen dieser Story die Kabelhilfen Tränen gelacht haben. Denn wer bei LUKAS Kamera führt, hat keine Zeit zum zugucken. Die Kameraleute denken ausschließlich in den Bildern, die sie aufnehmen müssen: Rechts!, links!, schnack: ranzoomen!, Schwenk! – und so weiter… Gerade mal ein oder zwei Sekunden bleibt ihnen Zeit, sich neu zu orientieren. Das verlangt viel Gefühl für die Szene, und Coolness! – wenn zum Beispiel ein ausnahmsweise fluchender Regisseur über Kopfhörer zu hören ist. So leistet das Quartett hier, was mit einer Kamera im Studio überhaupt möglich ist. Und auch wenn es von den Lenzen kaum etwas mitbekommt, diese Grenzarbeit soll auch riesigen Spaß machen!

Noch zehn Minuten...!   Und jetzt auf die Plätze!

Puh! Das Lampenfieber vor der Aufzeichnung kostet besonders den Ludwig-Darsteller ganz schön Nerven...

LUKAS-Frontman Dirk Bach begrüßt die Studiogäste – im luftigen Morgenmantel von Hella von Sinnens Oma

Live bei LUKAS – ist's erst recht zum Schießen!

Und die Schauspieler? Lampenfiebern jetzt ihrem Auftritt entgegen! Katja Bellinghausen fühlt sich sehr schlapp und nuckelt nur noch vorsichtig an ihrem Wasserfläschchen, um die geschminkten Lippen nicht nochmal zu ruinieren. Auch Charlotte Bohning ist hundemüde. Maria de Bragança hatte stets kalte, feuchte Hände und summte vor ihrer ersten Aufzeichnung den Moonshine-Song aus *Cats* – rauf und runter... Frau (Uli) Hamacher plagt eine Heidenangst, ihr Schlüsselwort zu verpassen, und die Lampenfieberkurve von Hansjoachim Krietsch ist in den späten Jahren seiner Karriere eher gestiegen denn gefallen. Wenn er aus der Maske kommt, und es heißt: „Herr Krietsch bitte!", gehen dem Ludwig-Darsteller die Knie weg: Wer bin ich? Wo bin ich? Wie heißt das Stück?! Weil die Nerven mitunter blank liegen, ist's gut, dass Nicola Müller eine so sensible erste Aufnahmeleiterin ist. Die fährt in diesen Minuten ihre Antennen aus und merkt genau, wer da noch aufbauende, liebe Worte benötigt... Dirk Bach sieht sich in puncto Lampenfieber dabei irgendwo zwischen denen, „die von der Theaterkantine aus mit einem Kölsch auf die Bühne gehen" und jenen, „die morgens anfangen, sich mental vorzubereiten". Nun: Zumindest äußerlich wirkt der Mann auch jetzt irgendwie rundum entspannt, nimmt von Andreas Wecker noch ein Salbeibonbon, denn die lutscht er heute pausenlos – gut für die Stimme!

Die LUKASSe (beste Stimmung vor dem Fernseher) sind vorgewarnt: Gleich geht's los! Und der Weg nach vorne, ins Studio, der ist explosiv: Adrenalin!!! Da sind sie – die Zuschauer! Alle 180 Plätze wie immer besetzt! Und das ist für alle der Kick! Ohne den könn-

...doch die ersten Pannen passieren bald: UPS! Einsatz verpasst!

Höhepunkt einer Drehwoche: Die LUKASse freuen sich während der Aufzeichnung die- bisch über nun glänzende Szenen

Ludwig hat erst noch gut lachen...

te LUKAS nie so sein, wie es ist. Dann Lichterwirbel – und ein Auftritt gehupft wie gesprungen: Dirk Bach kommt! Applaus, Applaus!! Und für den Ersten der Fans, die der LUKAS-Frontman nochmals begrüßt, gibt's kein Halten mehr. „Kann mal jemand das kranke Tier betäuben…?", kichert Dirk Bach, gehüllt in ein glänzendes blau-pinkes Etwas, das aussieht wie eine olle Heizdecke und zudem total aufgerissen ist… Der Fummel ist natürlich kein Versehen, sondern der Morgenmantel von Hella von Sinnen ihrer Omma – und an dem hängt Dirk Bach nun mal sehr!!

Hinter den Kulissenwänden geht spätestens jetzt das kollektive Glücksgewünsche los: Toi!-Toi!-Toi! Jeder bei jedem dreimal über die linke (bloß nicht über die rechte!) Schulter spucken – oder besser so tun als ob… Dirk Bach verschwindet mit Kostümbildner Alex Bleicher zum Umkleiden ins Autorenzimmer, wo ein grauer Slip auf dem Tisch liegt… Jaja, mitunter wird doch fein säuberlich zwischen Privat- und Berufsleben getrennt! Darum kaschiert Thorsten Esser auch stets Tattoo und Brustwarzen-Piercing von Dirk Bach. (Obwohl… Zuzutrauen wäre Lukas das ja auch…)

Richard Huber sitzt im Ü-Wagen, fixiert die Monitore, und in den folgenden Minuten wird sich die Glut seiner Zigarette in den Filter fressen. Im Studio stehen die LUKASse, die nichts mehr tun können, dicht gedrängt am Rand der Zuschauertribüne, rangeln um die beste Sicht. Die Maskenbildner haben die letzten Locken gelegt, die Aufnahmeleiter die Schauspieler zum Startpunkt geleitet. Die Innenrequisiteurin rennt als Letzte durchs Set, alles o.k., auch Kamera- und Tonleute sind bereit. Rotlicht! „Schnitt eins auf Kamera eins – in fünf, viiier, drei, zwei…"

Bei Paula jeden Freitag bestens versorgt: Dirk Bach mit Oma Kleinmann, an deren 85. Geburtstag

Bloß nicht verheddern: die LUKAS-Kabelhilfen

LUKAS – das ist wirklich wie Sport, jetzt, nach hartem Training: wie Hochleistungssport!

Nun zählt's! Die ersten zehn, zwanzig Sätze… Wenn die raus sind, dann läuft es meist – und wie! Lukas kiekst, Ludwig brummelt, Lisa schmollt – Coco klingelt. Jetzt geht's hier ab, jetzt fließt eins ins andere! Richard Huber ruft den Kameraleuten nur „Halten!! Halten" in die Ohren, denn die Pointen treffen, das Publikum johlt! Und durch die Lacher bestärkt, blühen die Schauspieler auf wie nie zuvor in der Woche: Katja Bellinghausen ist die Freitagabend-Performerin, über Dirk Bach staunt selbst Head-Autorin Marie Reiners: Was der jetzt noch aus sich rausholt! Hier wird die Folge bunt, das Stück erst richtig rund! „Danke…!"

Die erste Szene ist im Kasten, und die Freude bei den LUKASsen bereits groß. Die Autoren strahlen geradezu – Erntezeit! Richard Huber taucht aus dem Nichts auf, zeigt den erhobenen Daumen, umarmt jemanden auf die Schnelle. „Da fühlt man sich geborgen", sagt Hansjoachim Krietsch. Jetzt ganz schnell: Requisiten bereiten, umziehen, neu schminken – der Sekunde hinterher! Dirk Bach kommt angerannt, Thorsten Esser neben ihm – Lederläppchen, tupfen, tupfen, kühlen… Und wie ein Wettkämpfer von seinem Betreuer wird Dirk Bach auch von Richard Huber zum Umkleiden begleitet. LUKAS – das ist wirklich wie Sport, jetzt, nach hartem Training: wie Hochleistungssport!

Und so feuert Dirk Bach auch seine Leute an: „Hau rein!!" Weil er in der zweiten Szene später auftritt, tippelt er jetzt hinter den Kulissen von einem Fuß auf den anderen, schiebt seine Schaumstoffbrüste hoch, zuppelt an seinen braunen Locken (Lukas ist in der nächsten Szene eine Braut) und starrt auf einen Monitor: „Ja!!" – auch der Gag saß, das läuft gut! Und nun auch raus, auf die Bühne, aufs Spielfeld…Aber dann! „Eugen nimmt seinen Kaffee mit Milch und Zucker. – Quatsch! Schwarz! Oder…, ehm..?" Hansjoachim Krietsch verdreht seinen Text, im nächsten Bild verpasst Dirk Bach seinen Einsatz („Ach richtig! Jetzt war ich ja wieder dran..!"), und nach zig gelungenen Probeläufen tut's auch der Trick-

„Dankeschön! Gute Nacht..!"

Schrank wieder nicht. Die Lenze prusten los, das Publikum grölt – also nochmal: Alles wieder herrichten, und die Szene vor den Schnitzern neu ansetzen, ein so genannter Pick-up.

Dann läuft's wieder, aalglatt. Die Setbetreuer ziehen im rechten Moment eine schwarze Tuchwand weg, weil kein Zuschauer vorher sehen soll, dass Frau Hamacher da zum guten LUKAS-Schluss wieder mal durchs Treppenhaus schlurft: „Morjen..!" Das war's! Donnernder Applaus. Verbeugung. „Dankeschön! Gute Nacht..!"

Umarmungen, Küsse, ein Strahlen, nun reihum… Geschafft! Wieder mal! Ein tolles Gefühl, auch Stolz! Jemand reicht Dirk Bach das erste Kölsch aus einem frisch angeschlagenen Fässchen. Auch Andreas Lichter und ein meist sehr gut gelaunter ZDF-Redakteur prosten sich jetzt zu. (Und falls Horst-Christian Tadey bei der Aufzeichnung etwas nicht gefallen hat, wird das beim Schnitt der Folge berücksichtigt.) Gleichzeitig räumen die Ausstatter im Set auf, vielleicht noch das Wohnzimmer

komplett aus…. Und die Kabelhilfen, die müssen eigentlich jetzt erstmals so richtig ran: Kameras, Kabel, alles wird noch zusammengepackt und aus dem Studio geschafft. Sicher: Während der letzten beiden Tage mussten die sechs ihre Kamera- und Tonleute stets an ausreichend langer Leine führen und fein darauf achten, dass die Kabel nicht zu Fallstricken werden. Aber alles in allem war's für den *Gesangverein Kabelglück*, der sich hier – nomen est omen – gegründet hat, mehr Spaß denn Stress. Und für die Studenten ist LUKAS auch der optimale Einstieg ins Wochenende:

Denn nun sind alle LUKASse noch zu Bier, Brötchen und Buletten in die Paula eingeladen, und zwar – wieder typisch Pro – wirklich auf Kosten der Firma! In die kölsche Eckkneipe von Oma Kleinmann geht auch ein zufriedener LUKAS-Autor-Hauptdarsteller-Produzent – und spült im Kreis seines Teams eine 70-Stunden-Woche hinunter. Und hier soll man Dirk Bach schon gesehen haben, als er eingeschlafen war – im Stehen, an der Theke…

„Es war von Montag bis Freitag nur lachen..!" Als die reizende Frau Dr. Retzer eroberte **Isabel Varell** in der ersten Folge Lukas' Herz. Und wie ihr allererster Eintrag in das LUKAS-Gästebuch heißt es heute da auf vielen Seiten: „Es hat so viel Spaß gemacht..! Es war toll bei euch..! Weiter viel Glück!!"

„Wollt ihr mich nicht adoptieren?"

Die Gastschauspieler

Wer bei LUKAS eine Gastrolle übernimmt, dem wird zu Beginn einer Drehwoche allerdings manchmal erst schwindelig: Wie bitte?! Die schreiben das Buch heute komplett um? Und bis zur letzten Minute kann sich hier alles noch ändern?! Sicher: Diese LUKASse kümmern sich, sind sehr nett und bester Dinge, alles also ein Riesenspaß. Aber du liebe Zeit – ist's *so wirklich* bis Freitag zu schaffen?! Doch je näher der Tag der Aufzeichnung rückt, desto klarer wird auch für die Gastschauspieler, wie zielgerichtet der Hase bei LUKAS doch läuft, und dass alles gut wird…

Und wen haben die LUKAS-Chauffeure Roman Kovarik und Nels Heyne nicht schon alles zum Studio nach Hürth kutschiert! Da sind doch ganz schön viele dabei, deren Name man von großen Theaterbühnen oder deren Gesicht man aus *Tatort*, *Derrick* und anderen TV- und Filmproduktionen kennt.

Zum erweiterten (Ex-)Freundes- und Familienkreis der Lenze zählen zweifellos **Ingrid Stein** als Ludwigs lebenslustige, ehemalige Gattin Margot und **Volker Lippmann** in der Rolle ihres Gomera-Lovers Friedhelm. **Maria Happel** vom großen Burgtheater in Wien mimt zur Freude der LUKASse stets Cocos spießige Schwester Chrissie. **Jan-Georg Raffelt** verbreitete Rocker- und Ruhrpott-Scharm in der Rolle des Keile, Lisas Freund, und das

Geschwister-Pfister-Fräulein **Andreja Schneider** kam als Cocos Freundin Gala. Auch **Isabel Trimborn** kam immer wieder gern – als Lukas' alte Freundin Heike Bär einmal sogar schon mit lauten „Uuahs" und „Aaahs" stöhnend nieder… Glücklicherweise half **Samy Orfgen** – schauspielerisch als Hebamme.

Immer wieder mal mit von der Partie ist **Nikolaus Schilling** als Ludwigs Schachfreund Eugen, und irgendwann stand mit Claire Gazzoni auch eine alte Flamme von Ludwig auf der Matte. Und zu deren Darstellerin **Evelyn Matzura** in „LUKAS 2000" unbedingt mehr! Wie auch zum LUKAS-Gastspiel der verstorbenen, großen Schauspielerin **Ortrud Beginnen**.

Einen Hauch von Hollywood brachte **Hansi Jochmann** mit: Die deutsche Synchron-Stimme von **Jodie Foster** spielte die Witwe von Ludwigs Ex-Chef. **Michael Habeck** sorgte als neuer Papa für Durcheinander – und war in *Der Name der Rose* der Mönch in der Badewanne. Und der Mann aus L. A., das war **Oscar Dillen**, bekannt aus Bat Man! (Der war übrigens der Einzige, der Chauffeur Nels Heyne je gebeten hat, die Musik – in dem Fall Hip Hop – im Auto doch bitte *lauter* zu drehen!)

Auf eine kleine Rangelei mit Dirk Bach ließ sich **Karsten Speck** als Lukas' Erzrivale Franz Keyser ein. Nachtschwester **Maren Kroymann**

Karsten Speck alias Franz Keyser steckt mit Lukas im Aufzug fest

gab unter anderem die neue, für Lukas jedoch etwas nervige Lenz-Nachbarin Heidi Bergmann… **Michael Müller**, **Anton Schieffer**, **Gerhard Haag** und **Dada Stievermann** waren in LUKAS nicht nur als alte Schulkameraden zu sehen. Und der Super-Fan von Flora Fledermaus – wie heißt der gleich noch? Henning Heister heißt er – und den spielte **Marcus Kiepe**.

Und du lieber Gott – was für Rollen zwischen Himmel und Hölle hat's bei LUKAS nicht schon gegeben! Zum Beispiel die der Petra (statt Petrus!) für **Hella von Sinnen**, die hier engelsgleich auftrat… **Josef Quadflieg** mimte für das Dirk-Bach-Team auch das Teufelchen, **Mechthild Großmann** Urinella, die große Sektenführerin, und **Andreas Mannkopf** den Pfarrer, der die Totenmesse für den armen Theo Alaaf las…

Starke Auftritte hatte **Axel Häfner**, Tagsüber Polizist – nach Feierabend Bulle: Er übernahm für LUKAS auch den Part eines samenspendabelen Mannes, der Coco gerne mal eben ihr Kind machen wollte… Als der Weihnachtsmann zweimal klingelte, sorgten **Wolf Dietrich Berg**, **Christiane Lemm** und **Thorsten Feller** als Polizisten für Recht und Ordnung – zunächst… Ziemlich direkt stellte dafür **Miria Bös** als Politesse Nadine Lukas' Welt auf den Kopf. (Miria Bös gehört übrigens zu den Fabulösen Thekenschlampen, einer Kölner Combo, mit der Dirk Bach auch gerne Stimmung macht. Gemeinsame CD: „It's raining men!"…)

Sehr (auf)reizende Rollen – gleich welcher Couleur – übernahmen auch schon Tatort-Kommissarin **Ulrike Folkerts** alias Siggi alias Callgirl Desirée, **Susanne Evers** als Elektroblitz Mickey und **Susanne Pätzold** als Sonja – bei der Lukas aber seinen Mann nicht stehen konnte… Erst als Greta gehasst, dann von Lukas wild geknutscht wurde **Sandra Steffl**. **Elke Czischek** regte als Traumfrau bei den Lenzen Fantasien an, **Gitte** und **Susanne Ertbirk** bei den LUKAS-Autoren: Die gaben den Zwillingen aus Dänemark die Arbeitsnamen Buko und Tolko… **Christoph Eichhorn** spielte für LUKAS quasi eine Doppelrolle: die des Klausi Busemann – postoperativ: Claudia Busemann. Ähnlich schrill: **Helmut Fülberth** als Transe.

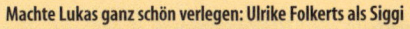

Machte Lukas ganz schön verlegen: Ulrike Folkerts als Siggi

Hart blieben **Ursula Heyer** als Finanzbeamtin Hummel, **Alexander Grill** als Kritiker Herr Metzger und **Petra Welteroth** als erzürnte Mutter. Sehr sportlich: **Patrick Bach** in der Rolle des Aerobiclehrers Gary, sehr verdächtig: **Evelyn Meyka** und **Ulrich Faulhaber** im Tante-Emma-Laden der **Hilde Wensch**.

Glamour verliehen LUKAS zweifellos **Maren Gilzer** als Maren Gilzer und **Alice** und **Ellen Kessler** als Überraschungsgäste für Ludwig! Auch **Thommy Ohrner** überraschte: Zunächst vermummt als stummer Guru, entpuppte er sich selbst bei den Lenzen als Verstehen-Sie-Spaß?-Moderator. Mit **David Wilms**, dem Theo Klages aus der Lindenstraße, lernte man endlich auch mal Hagen Görner, Produzent der Sendung mit Flora Fledermaus kennen! Und **Georg Uecker** war sich nicht zu schade, für LUKAS Ronald, die Ratte, zu machen. Ebenso: Kaffeeklatscher **Ralph Morgenstern** als Bello, die Bazille…

Apropos: Tierisch geht's bei LUKAS ja auch wörtlich ab! Was da nicht schon alles vor den Kameras krabbelte und kläffte, kreuchte und fleuchte! Einmal war ein Königspudel da, den ein entrüs-

„Verstehen Sie Spaß, Lukas Lenz?" – Der Guru entpuppte sich als Thomas Ohrner

teter Ludwig bei den türkischen Nachbarn gegenüber allerdings als Opferlamm verkannt hatte… Es gab einen Mops, den es zu retten galt, und einen lüsternen, rasierten Terrier. Pfui Vogelspinne! Es spielten gleich diverse mit, lebende wie ihre haarigen Hüllen, die von den LUKASsen mit Silicon präpariert und denen ganze Häuser eingerichtet wurden… Und hier nicht zu vergessen: DER PUTER! Die komplizierteste, aufwändigste, selbstgebaute LUKAS-Spezialrequisite überhaupt! Und warum? Weil Dirk Bach sich als „Sicht-Vegetarier" definiert (was nach totem Tier aussieht, kommt ihm nicht auf den Teller), mochte er selbst für seinen LUKAS nicht in eine *echte*, tote, pickelige Pute greifen. Weil's so aber nun mal sein sollte, mussten die Ausstatter sich eben was einfallen lassen. Unproblematischer war das Bühnenspiel mit Riesen-Teddys und Quietsche-Entchen…

So ist die Gästeschar, die da bei LUKAS schon ein und aus ging, wahrlich ein buntes Völkchen. Und – last but not least – sollen neben denen, die hier nicht namentlich erwähnt wurden, auch die vielen **Komparsen** nicht vergessen werden: Denn die, die haben für LUKAS ja auch schon allen möglichen Quatsch mitgemacht!

LUKAS – weltweit!

Das ZDF blendet es nach jeder Folge ein: LUKAS hat eine Homepage im Internet! Unter www.ZDF.de/LUKAS erfährt man das Wichtigste und Aktuellste rund um die Serie, kann sich die schönsten Versprecher am laufenden Band anschauen und im virtuellen LUKAS-Gästebuch nach Herzenslust die Lenze loben – oder auch meckern! Und da ist vielleicht was los: Pro Monat klicken sich hier gut 70.000 Zuschauer ein, auch aus der Schweiz, Österreich und den Niederlanden. Mehr sind's bei keiner anderen deutschen Sitcom. Einfach auch mal reinschauen! Denn das freut die LUKASse sehr!

Dass es scheinbar überall Lenz-Fans gibt, zeigt sich, wenn die LUKAS-Darsteller einmal nicht im Studio stehen. Hansjoachim Krietsch wurde schon im Supermarkt in Helsinki wie auf einer Alm in Österreich erkannt, Maria de Bragança in Frankreich auf dem Campingplatz, Katja Bellinghausen in Grie-

chenland auf der Akropolis. Und erst die viele Fan-Post! Die lässt die Stapel von druckfrischen Autogrammkarten in der LUKAS-Redaktion schnell klein werden. Dabei bekam Maria de Bragança übrigens immer sehr viele nette Briefe von ganz verliebten Jungs – und Katja Bellinghausen bereits etliche von jungen Mädchen. Die sind in Frauen verliebt, wagten das aber noch niemandem zu sagen und fragen deshalb Coco als überzeugte Lesbe um Rat. Katja Bellinghausen versucht in puncto Coming-Out dann stets aus ihrer (eben auch: mütterlichen) Sicht zu helfen…

Wer viel in der Weltgeschichte unterwegs ist, hat übrigens gute Chancen dabei von LUKAS begleitet zu werden: Seit 1997 sind die Lenze bei der Lufthansa auf Langstreckenflügen im so genannten In-seat-Video zu sehen – also auf den schicken, kleinen Bildschirmen in der Rückenlehne des Vordermannes. Und wer mit der Fluggesellschaft Aerolloyd fliegt, kann LUKAS seit 1999 in den großen Höhen sogar auf der großen Leinwand sehen. Der Vermarktungsexperte bei der Pro, Jürgen Brandt, freut sich außerdem, dass ein Fernsehsender in Slowenien wie ein Pay-TV-Kanal aus Südafrika LUKAS-Staffeln gekauft haben! Was der Mann übrigens auch schon festgestellt hat: Von den Fanartikeln, die es von LUKAS und Dirk Bach ja gibt (zum Beispiel Videos!) sind die T-Shirts der absolute Verkaufsrenner – in Größe XXL…

Übrigens ließ die LUKAS-Familie einmal alle Hüllen fallen. Nur im Body-make-up

Lukas on the road: Vor den Lenzen ist man quasi nirgends sicher...

ließen sich Dirk Bach, Katja Bellinghausen, Hansjoachim Krietsch und Maria de Bragança 1996 von Fotograf Holger Scheibe ablichten. Motto: „Lieber nackt als Pelz!" Hintergrund: die Unterstützung der internationalen Organisation PETA (People for the ethical treatment of animals), die sich für die Wahrung und An-

erkennung der Rechte der Tiere einsetzt. Nadja Auermann, Kim Basinger, Liza Minelli – auch sie setzten sich schon für PETA ein. Und die LUKAS-Darsteller dürften weltweit wohl die einzige TV-Familie sein, der die gute Sache das – sehr stilvolle! – zur Schau stellen nackter Tatsachen wert war.

Die LUKAS-Familie bei der Präsentation nackter Tatsachen

LUKAS im Jahr 2000

Was war, was wird…

Die Figur der Coco hat sich im Laufe der Jahre besonders gewandelt

Kinder, wie die Zeit vergeht! Die Welt feiert ein neues Jahrtausend, Lukas und Coco ihren 40. Geburtstag, Lisa ihren 18.! Und wohl vor allem weil Lisa längst nicht mehr am Daumen lutscht, sind die Themen heißer und ist der Ton bei den Lenzen doch deutlich schärfer geworden! Denn du liebes bisschen, wie weichgespült wirkte doch alles, als LUKAS die ersten Male im ZDF zu sehen war! Da wurde für die Moral von einer Geschicht' auch noch etwas mahnend der Zeigefinger erhoben. Mittlerweile aber ist klar: Lukas, Lisa, Ludwig und Coco – die haben ganz schön ihre Macken! Und da die eher mittelgroß denn klein

sind, aber ziemlich liebenswert, können die LUKAS-Geschichten heute allein davon prima leben.

Neben Lisa hat sich sicher Coco am auffälligsten gewandelt: Nicht nur, dass ihr Klamottenstil enger, vor allem ausgefallener wurde. Coco hat sich von der etwas tantenhaften Fotografin, die heute hier, morgen da sein sollte, zu der doch sehr, sehr treuen, besten Freundin an Lukas' Seite entwickelt. Wer Coco eigentlich genau ist, wurde zum ersten Mal richtig klar, als sie unbedingt Mutter werden wollte – und das, wo sie sich zumindest im Bett nicht die Bohne für Männer erwärmen kann! Lukas

LUKAS 2000: Lukas und Coco feiern ihren 40. Geburtstag…

…Lisa ihren 18.

riet ihr denn auch: „Schatz, kauf dir lieber einen Papagei, der lernt schneller sprechen und passt farblich viel besser zu dir!", kümmerte sich dann jedoch sehr persönlich um den Herzenswunsch seiner Freundin… Nun, wie alle wissen: Coco ist nie Mama geworden – aber nach dieser Kinderwunsch-Geschichte (von Marie Reiners) konnte Katja Bellinghausen als Coco in LUKAS endlich frei auftrumpfen: in der Rolle einer ganz starken, ganz lesbischen, ganz heißen Frau…

Überhaupt: die Frauen bei LUKAS! Da sitzt im Führerhäuschen der LUKAS-Lokomotive ja bereits Head-Autorin Marie Reiners. Und im Sommer 1999 sollte dann gleich ein weiteres Frauen-Doppel für (ein ganz anderes) Tempo bei LUKAS sorgen: Tina Kriwitz hat nämlich bei den ersten zehn Folgen der Staffel 2000 mit Nicola Müller als Assistentin die Regie geführt! Und das war nicht nur ein sehr gelungener sondern auch ein sehr großer Karriereschritt für die gerade mal 28-jährige, bisherige Regieassistentin. Doch für diesen Schritt hat Tina Kriwitz schließlich auch eine Menge getan:

Wie Maria de Bragança wird Tina Kriwitz in der Filmbranche groß. Ihr Vater Jürgen Kriwitz ist Filmproduzent (NDF, Neue Deutsche Filmgesellschaft!), und Tina mischt schon zu

LUKAS-Regisseurin in der fünften Staffel: Tina Kriwitz

Schulzeiten in Hamburg am Set mit: Beim *Erbe der Guldenburgs* kocht sie Kaffee, kopiert dies und das… – und will Schauspielerin werden. Nach dem Abitur entscheidet sie sich dann doch für die Aufnahmeleiterin und organisiert bald den Dreh zur Reeperbahn-Story *Rote Laterne* unter der Regie von Sascha Arnz mit. Dann geht's gleich weiter – und weit weg: 1993 fliegt Tina Kriwitz nach Nordamerika, macht bei Roland Emmerich(!) in Los Angeles ein Praktikum und 1994 in Toronto/Canada für eine ZDF-Soap wieder die Aufnahmeleitung. Und da in Canada taucht auch Richard Huber(!) auf: „Hi, ich bin Tina!", begrüßt ihn Tina Kriwitz locker vom Hocker – was auch hier *the beginning of a beautiful friendship* war… Nicht nur das: Ab 1994 arbeitet Tina Kriwitz als Assistentin an der Seite des LUKAS-Regisseurs. Und damit stehen die Sitcom *Corinna*, Marie Reiners *Mobbing Girls*, das ARD-Fernsehspiel *Rendezvous des Todes* wie das RTL-Movie *Der Todesbus* auch in Tina Kriwitz' Lebenslauf…

Bereits als Assistentin von Regisseur Richard Huber trug Tina Kriwitz Verantwortung

Bei LUKAS hat Tina Kriwitz 39 Folgen lang die Regieassistenz gemacht, bevor den Job neben Richard Huber Michaela Hiefler übernommen hat. Denn: Tina Kriwitz erfüllt sich 1998 einen Traum und beginnt an der sonnigen UCLA – der University of California/Los Angeles – ein Film- und Fernsehstudium.

Doch Weihnachten 1998 klingeln die LUKASse an: Ob sie nicht Lust habe, LUKAS für eine Weile in Eigenregie zu machen…? Was für eine Frage! Mit der bisherigen LUKAS-Aufnahmeleiterin Nicola Müller legt Tina Kriwitz also im Juni 1999 los – und nimmt's mit ihrer ersten Eigenregie möglichst wörtlich: Die neue Regisseurin rast zwar mindestens ebenso sportlich wie Herr Huber durch das LUKAS-Studio, hat aber bei dem, was da vor den Kameras zum Ausdruck kommen soll, ihre eigenen Ansichten. Und dass ihre etwas ruhigere Bildersprache LUKAS auch sehr gut steht, wird klar, als das Frauen-Regieteam Kriwitz/Müller mit *Die Freundin einer Freundin* erfolgreich seine erste Folge gedreht hat. (Dabei waren die beiden im Ü-Wagen und am Set allerdings mit plüschigem Glücks-Teddy und Glücks-Delfin von den LUKASsen bewaffnet – da konnte im Grunde ja nichts schief gehen…)

LUKAS sieht heute zudem ein wenig anders aus, weil natürlich auch bei den Lenzen im Laufe der Jahre mal aufgemöbelt wurde. Und auch wenn Lukas bitter weinte: Die echte Detmolder Mann-Couch war grottenhässlich, und gut, dass Chrissie sie wieder wegschleppen ließ! So steht mit dem ollen Ledersofa auch im Jahr 2000 das beste Stück im Hause Lenz

Würde sich im Lenzschen Wohnzimmer doch gut machen: das Lächeln der Mona-Coco

Das LUKAS-Frauen-Regieteam Tina Kriwitz/ Nicola Müller

Oll, aber auch im Jahr 2000 noch an Ort und Stelle: Cocos Couch

Evelyn Matzura, Ehefrau von Hansjoachim Krietsch, sprang ganz kurzfristig in die Rolle der Claire

„Ich bin hier die Dohse" – Ortrud Beginnen brillierte bei LUKAS als Versandhauschefin Renate Dohse

Kraftvoll voraus: Tina Kriwitz zeigt wo's langgeht

noch an Ort und Stelle. Ganz auffällig neu war neben dem coolen Apfel-Computer auf dem Schreibtisch aber irgendwann der Flipper. Was ein bisschen dumm ist: Der funktioniert wie alle Kneipenmodelle auch nur mit Geld…

Und blättert man hier mal so durch die bunten Seiten, so gab's ja wirklich schon ganz viele unvergessliche Folgen bei LUKAS – und einige ganz besondere Momente: In *Claire* (von Helmut Seliger) lief dem LUKAS-Team eine Gänsehaut über den Rücken, weil die beiden Streithähne Lukas und Ludwig in dem schönen Fünfziger-Jahre-Café Held doch tatsächlich ein Tänzchen wagten: „Steig in das Traumboot der Liebe – fahr mit mir nach Hawaii…"

Die Geschichte um die alzheimerkranke Claire war auch deshalb eine spezielle, weil für ihre Rolle kurzfristig die Ehefrau von Hansjoachim Krietsch einsprang. Die beiden haben

sich vor vielen, vielen Jahren am Theater kennen gelernt, und Evelyn Matzura steht heute noch auf großen Bühnen. In LUKAS spielte das Schauspielerpaar das erste Mal gemeinsam vor TV-Kameras. Aber vor allem weil das Gastspiel seiner Frau nur 48 Stunden vorher zu Stande gekommen war, hatte Hansjoachim Krietsch vor der Aufzeichnung „mehr Angst als Vaterlandsliebe – denn eigentlich war das nicht zu schaffen…". Nun: Evelyn Matzura schaffte es, und ein glücklicher „bös-alt-Mann" überreichte seiner Frau noch vor dem Publikum eine Sonnenblume – und ließ den Tränen freien Lauf…

Tränen der Trauer flossen bei LUKAS beim Tod der großen Schauspielerin, Sängerin und Regisseurin Ortrud Beginnen. Durch einen brillanten Auftritt als Versandhauschefin Renate Dohse – „Ich bin hier die Dohse!" – wurde Ortrud Beginnen bei LUKAS unvergesslich. Die LUKASse freuten sich bereits auf ein zweites Gastspiel der Beginnen, die für Dirk Bach „die besonderste Schauspielerin ist, die ich kannte". Dazu sollte es nicht mehr kommen: Kurz zuvor – am 20. Januar 1999 – verstarb Ortrud Beginnen im Alter von 60 Jahren in Stuttgart.

Dezember 1999: Nach dem Telestar 1996 können sich die LUKASse kurz vor dem Millenium ein weiteres Mal mächtig freuen: Der

Deutsche Comedypreis wird verliehen, auch in der Sparte Sitcom – „…and the winner is": LUKAS!

Keine Frage: Mit den Geschichten um Lukas & Co sind dem ZDF und der Pro GmbH ein großer Wurf im Deutschen Fernsehen gelungen. Ohne Mut zum Risiko ging das gerade bei den Mainzern aber eben nicht vonstatten. „Wenn man in der Redaktion von LUKAS sitzt, darf man kein ängstlicher Mensch sein

und zum Zaudern neigen, dann ist man fehl am Platz", sagt Horst-Christian Tadey. In den fünf Staffeln, für die er beim ZDF die Verantwortung für die Serie getragen hat, war seine oberste Maxime stets:

Bei aller Liebe für LUKAS – immer mit einer gesunden Distanz genau hinschauen, ob die Lenze da im Eifer des Gefechts nicht doch ein bisschen über die Stränge schlagen… Schließlich ist LUKAS ja zur Prime Time im Programm, auch für die vielen jungen Leute, die da erfreulicherweise nun auch im Zweiten vor den Bildschirmen hocken! Und darum war zum Beispiel die Folge *Hasch mich* für das ZDF hart an der Grenze: Darin feierten Lukas und Coco damals ein rauschendes Siebziger-Jahre-Revival – und rauchten dabei auch ganz genüsslich einen Joint!

Aber: Wenn Horst-Christian Tadey auch diverse Male anregte, das ein

Vorher – nachher: Wie ein paar Haschplätzchen Ludwigs steife Schachrunde doch auflockerten…

oder andere doch bitte nochmal zu überdenken: Echte Kontroversen gab's nur ganz wenige. Die Zusammenarbeit des Pro/Dirk Bach-Teams mit dem ZDF hatte sich bereits nach den ersten LUKAS-Folgen gut eingespielt.

Getreu dem schönen Motto „Never change a winning team!" soll's denn im Jahr 2000 – und möglichst über 2000 hinaus – auch weitergehen. Und das verspricht ganz schön aufregend zu werden! Denn: Was ein richtiger Schauspieler ist, der mag auf Dauer freilich nicht nur in die eine (Comedy-)Schublade greifen und zeigen, was er da so drauf hat. Deshalb zeigt sich Dirk Bach im Jahr 2000 wieder mal in ganz neuem Gewand und wird auch als *Der kleine Mönch* in dem gleichnamigen Krimi im ZDF zu sehen sein.

Doch keine Angst, auch „Weiterlachen à la LUKAS" steht in Köln wie in Mainz auf dem Programm: LUKAS geht in diesem Jahr in Runde fünf, und Ehrenrunden hat das ZDF für die Lenze ebenfalls fest eingeplant. Und dann schlummert da auch schon die Idee für eine neue Comedy mit Dirk Bach in der Schublade der LUKAS-Connection! „Darin", freut sich Dirk Bach, „werden wir dann all die Dinge machen, die wir in LUKAS nicht getan haben…" Na, wenn das nicht viel versprechend klingt! Und damit ist auch diese LUKAS-Geschichte…   … am End'!

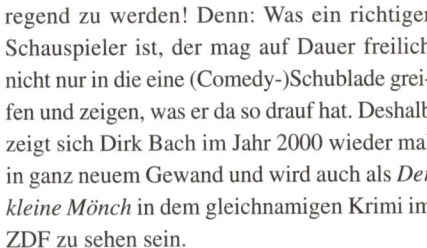

„And now, the end is near..." – Ludwig als Frank Sinatra

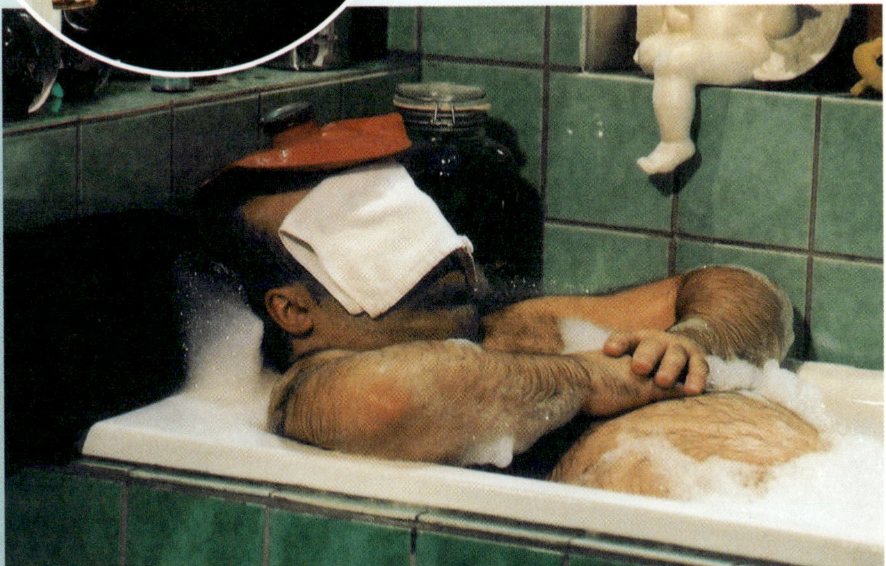

UPS! Takeouts

Kleine Pannen und Peinlichkeiten

Was wäre LUKAS ohne die Pannenparade im Anschluss an jede Geschichte? Denn Professionalität und Perfektionismus hin, Pingeligkeit und Polaroids her: Natürlich geht auch bei LUKAS in jeder Folge irgendetwas daneben! Da wird Text verhaspelt, wird mal eine Requisite vergessen, stimmt der Anschluss doch nicht hundertprozentig. Und das ist irgendwie ja auch wieder sehr sympathisch, weil so ganz menschlich und normal…
Hier etwas andere, bislang geheim gehaltene kleine Peinlichkeiten, die in fünf LUKAS-Staffeln unter anderem passiert sind:

Panik! Erste Folge, vierte Staffel: Komplettausfall des Zentralrechners im Ü-Wagen – während der Abendaufzeichnung! Bis die Techniker alle Verbindungen in Windeseile von Hand neu gesteckt hatten, verging eine gute halbe Stunde. Warm-Upper Georg Uecker hat sich den Mund zur Unterhaltung des Studiopublikums fusselig geredet.

Rollentausch: LUKAS-Chauffeur Nels Heyne fuhr sich bei Hansjoachim Krietsch auf dem Land morgens in tiefem Ackerschlamm fest – und wurde schließlich von dem Schauspieler in dessen Privatwagen zum LUKAS-Studio gefahren. Auch sehr erfrischend: Gleich beide LUKAS-Fahrer rollten mit geöffneten Autofenstern in die Waschanlage.

Wo ist der Mann?! Helle Aufregung während der Aufzeichnung: „Der Gastschauspieler ist weg!" Aufnahmeleiterinnen, Garderobieren, die Regieassistentin, alle LUKASse suchten verzweifelt den verlorenen Gast – der sich schon mal hinter die Wand des falschen Sets gelegt hatte und geduldig auf seinen Einsatz wartete.

UPS! „Was willst du hören? Dass ich in einem kalten, klammen Kellerloch in **Oberammergau** großgeworden bin?"

 **Ulrike Folkerts alias Siggi** sorgte in der Folge Künstlername Desirée für einen der schönsten Versprecher in LUKAS: „Wieso ich Prostituierte geworden bin? Was willst du hören? Mein Vater war ein trinkender Transsexueller, meine Mutter eine gewalttätige Morphinistin, ich bin in einem kalten, klammen Kellerloch in Oberammergau großgeworden, und meine einzigen Spielgefährten waren unterernährte Ratten?!" Sehr schön gespielt – nur leider hätte es *Obervolta* heißen sollen! Keiner hat's gemerkt, weil die Szene weitergedreht wurde. Nur die wissenden LUKAsse hinter den Kulissen hatten einen Riesenspaß!

 **Die Sushi-Witze**… Nicht komisch ist's für die LUKAS-Darsteller, wenn fest mit lautem Hoho! und Haha! gerechnet wird, das Publikum sich aber – weiß der Himmel warum – gar nicht amüsiert! So passiert, als Hansjoachim Krietsch alias Ludwig diverse Witze über die leckeren Reis-Rohfisch-Klötzchen der Japaner machte: Absolute Stille im Studio! Dirk Bach aber lachte innerlich hysterisch, weil er ja wusste: „Gleich kommt er wieder um die Ecke, macht seinen Sushi-Witz – und wieder wird wohl nichts passieren!"

 **Das gibt's doch gar nicht!** Gleich fünf Spülmaschinen an einem Tag wurden HaJü Holter in seine LUKAS-Küche geliefert. Denn ein Modell wie das andere war kaputt! Die fünfte schließlich tat's – und bewahrte HaJü vor einem fingeraufweichenden Villa Riba/Villa Bajo-Spülmarathon.

UPS! Teure Recherche-Schnappschüsse für die realitätsgetreue Ausstattung eines Prostituiertenzimmers

 **Professionelle Recherche mit peinlichem Touch:** Damit LUKAS-Filmarchitekt Roland Wimmer eine Kulisse – das Arbeitszimmer der Prostituierten Desirée – so realitätsgetreu wie möglich ausstatten konnte, besuchte Christian Riebe für LUKAS zum allerersten Mal ein Bordell. Am Drehkreuz am Eingang ging's schon los: Christian, sehr nervös, hatte nur vier statt fünf Mark klein, aber der Pförtner zeigte Erbarmen. Leicht bekleidete Frauen gingen gleich auf Tuchfühlung zu dem neuen, jungen Gast, schauten aber sehr skeptisch, als der klarstellte, nur auf einen Schnapp- denn auf einen Schnellschuss aus zu sein… Für die Polaroids von der Bettwäsche der Damen musste Christian – weil er für einen Fetischisten der ganz besonderen Art gehalten wurde – denn auch zahlen: zweimal 50, einmal 20 Mark, aber es hat ja auch Spaß gemacht – und das sogar ganz sicher.

UPS! **Da war was durcheinander geraten!** Hansjoachim Krietsch begleitete nach der Aufzeichnung am Freitagabend die LUKAS-Gastdarstellerinnen der Woche, Alice und Ellen Kessler, in die Paula, kölsche Stammkneipe der LUKASse. Dort begrüßte Wirtin Oma Kleinmann das Trio auch freundlichst. „Und ihr seid also Zwillinge?", fragte die alte Dame die Kesslers. „Ja das sind wir", lachten die. Dann aber brachte Oma Kleinmann etwas durcheinander: „Und wo habt ihr heute eure Pudel?" Hansjoachim Krietsch wurden die Knie weich – aber die Kessler-Zwillinge sollen die kleine Verwechslung mit den Jakob-Sisters professionell gelassen hingenommen haben.

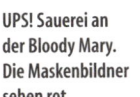

UPS! **Rot sahen die Kostümbildner, als die Bloody Mary ihrem Namen alle Ehre machte:** Mary war ein enthäuptetes Renaissance-Weib (ihren Kopf – Richard Huber! – trug sie unter dem Arm) und unter ihrem Kleid die Schneiderpuppe der Kostümabteilung.

UPS! Sauerei an der Bloody Mary. Die Maskenbildner sehen rot

Aus Marys Hals sollte – Uah!! spukender Burgzauber zu Mitternacht! – Blut spritzen… So ist's denn auch passiert. Leider aber funktionierte die Pumpkonstruktion an Mary nicht ganz wie geplant, und ölhaltiges, glitschiges Kunstblut suppte in das kostbare Spitzenkostüm, wohl eins der bezauberndsten bei LUKAS überhaupt.

Die LUKASse...

... im sonnigen Sommer 1999

Dieses Buch wurde im Sommer 1999 im LUKAS-Studio in Hürth recherchiert. Wer namentlich erwähnt und in einer Funktion vorgestellt wurde, hat zu diesem Zeitpunkt oder aber während mehrerer Staffeln die betreffende Aufgabe bei LUKAS wahrgenommen. In der folgenden Liste nun sollen möglichst alle aufgeführt sein, die je bei LUKAS mitgemischt haben. Wenn aber doch so mancher übersehen wurde, ist das natürlich eine große Schlamperei und auf keinen Fall zu entschuldigen – es sei denn: Der- oder diejenige drückt doch ein Auge zu... Danke!

Auftraggeber: ZDF

Redaktionsleitung: Horst-Christian Tadey

Produktionsleitung ZDF: Wolfgang Apel

Produzent: Pro GmbH, Andreas Lichter, Dirk Bach

Studio: NOB Deutschland

Darsteller:

Lukas Lenz: Dirk Bach

Ludwig Lenz: Hansjoachim Krietsch

Lisa Lenz: Maria de Bragança, Charlotte Bohning

Coco Weber: Katja Bellinghausen

Frau Hamacher: Uli Hamacher

Besetzung Redaktion: Bernd Holzmüller, Uli Hamacher, Uve Lammers

Produktionsleitung: Georg Bonhoeffer

Produktionsassistenz: Wolfgang Lehr

Filmgeschäftsführung: Boris Dillen, Antje Paul

Produktionssekretariat: Heinz-Dieter Sürth, Jörg Reinke

Projektmanagement NOB: Jürgen Hiob, Hugo Dekker

Bühnen-/Fernsehregie: Richard Huber, Tina Kriwitz

Regieassistenz: Tina Kriwitz, Michaela Hiefler, Nicola Müller

Autoren: Jürgen Wolff, Dirk Bach, Marie Reiners, Angelika Bartram, Helmut Seliger, Kelly Hopkins, Andreas Föhr/Thomas Letocha, Thomas Hermanns, M.A.C. Guffin Concepts, Simone Borowiak/ Hans Kantereit, Christine Fleischer/Silke Lorenz, Karola Baum

1. Aufnahmeleitung: Nicola Müller, Lutz Haase

2. Aufnahmeleitung: Anne Kathe, Christoph Braucksiepe, Michael Frenz

Szenenbild: Heidi Lüdi (SFK)

Filmarchitekt: Roland Wimmer (SFK)

Haustechniker NOB: Werner Seidel

Bühnenbau: Firma Schiffer & Farber

Setbetreuung/Baubühne: Enno Berk, Christoph Pörschke, Robert Lamberg, Michael Gitschel

Studiomeister NOB: Heiner Krebs

Außenrequisite: Markus Schaffrath, Anne Schiek, Michael Becker

Innenrequisite: Sandra Münchenbach

Requisitenassistenz: Biene Glöckner, Lena Pfeiler, Annette Michel

Dirk Bachs Assistent: Andreas Wecker, Uve Lammers, Wienand Arndt

Kostümbild: Anne Lenz, Alexander Bleicher

Garderobe: Alma von Possé, Korinna Zeiss, Stephanie Bold, Angelika Neiss, Claudia Hermbusche, Dorte Ahrenz

Musikproduktion: Udo Selber, Michael Scheuber

Marketing: Jürgen Brandt

Standfotografie: Christel Becker-Rau, Renate Schäfer

Maske: Thorsten Esser, Isabel Oebel, Cornelia Franke

Skript: Petra Ohler

Produktionsfahrer: Roman Kovarik, Nels Heyne

Catering (klein): Hans-Jürgen Holter, Monika Pörschke

Avid Tonnachbearbeitung: HDA (Hans Drejer Audio)

Avid Cutter: Nicole Hussy, Irene Abel, Jörg Kadler

Postproduktionsleitung: Friedrich von Rossek

Technische Leitung: Jürgen Hiob (NOB)

Lichtsetzender Kameramann: Dieter Gossow, Jonas Burlage

Kamera: Markus Lins, Holger Trapp, Jörg Schürmann, Roland Bode, Lutz Papenburg, Sabine Blascyk, Klaus Brinkmann, Friedhelm G. Habing

Kabelhilfen: Maike von Detten, Gerhard Lallmann, Reinhard Rätz, Carmen Sauer, Dirk Schmitz, Frank Werth, Jürgen Faßbender, Thomas Pechlof, Norbert Möltgen, Anne Kathe, Andreas Kohlberg

Bildingenieur: Gerrit van der Werft

Beleuchter: Tobias Brüggemann

Beleuchtungsmeister: Hermann Herterich, Hans Witzkewitz

Pultbediener: David Kreilemann

Toningenieur: Sascha Hömske, Guido Amann, Peter Verheul

Tontechnik/-angel: Stephan Koch, Oliver Bährle, Christoph Butenschön, Andy Janssen, Stefan Koch, Maresa Herbrand

Beschallung: Christoph Winter

MAZ-Technik: Michael Scharke, Frederick Schnitzer

Bildtechnik: Sybille Grimm

Bildmischerin: Karin Hennes

Brandsicherheit: Firma Moll

Bildnachweis

Dirk Bach	S. 8, 9, 10
Angelika Bartram	S. 21
Jo Goertz	S. 12/13
Paula Kleinmann	S. 106
Klaus Lefebvre	S. 14, 15, 37 rechts, 49
Pro GmbH	S. 19 oben
Renate Schäfer (ZDF)	S. 28 unten links, 32 unten rechts, 33 zweite Abb. von oben, 48 unten, 66 oben, 67, 111, 117 oben
RTL	S. 11, 18

Alle übrigen Abbildungen stammen von
Christel Becker-Rau (Pro GmbH).